수험생의 인생을 일순간에 바꿔드릴

유니크 쏙쏙
G·TELP 족집게 511제

수험생의 인생을 일순간에 바꿔드릴

유니크 쏙쏙
G·TELP
족집게 511제

문법 족집게(362문제)+문법 모의고사(87문제)+독해와 어휘 모의고사(62문제)

원수근 모의고사 집필진

level 2 문법·독해·어휘 편

맑은샘

G-TELP란 어떤 시험인가?

G-TELP(General Tests of English Language Proficiency)는 미국 국제테스트 연구원(ITSC, International Testing Services Center)에서 주관하여 University of California Los Angeles, Georgetown University, San Diego State University, Lado International College 등의 저명 교수진이 연구 개발하여 국내외 저명한 언어학자, 평가전문가들이 참여하여 세계적으로 시행하는 국제공인시험이다.

G-TELP는 1985년 ITSC 주관으로 개발 완료 검증된 이래 미국, 중국, 일본, 대만 등 세계 여러 나라 정부기관, 기업, 단체에서 독해(reading), 듣기(listening), 말하기(speaking), 쓰기(writing) 평가를 위한 일반영어, 실용영어 활용능력 평가교육 툴로 활용되고 있는 국제공인시험이다. 우리나라에는 1986년에 G-TELP KOREA가 설립되어 ITSC's G-TELP SERVICES의 글로벌 파트너로서 G-TELP(지텔프) 시험을 운영 주관하고 있다.

G-TELP는 듣기(listening), 말하기(speaking), 쓰기(writing), 읽기(reading) 평가 중심의 국제공인 영어평가 교육시스템이다.

• Level 및 시험구성

구분	출제방식 및 시간	평가기준	합격자의 영어 구사 능력
Level 1	청취: 30문항/약 30분 독해 및 어휘: 70문항/60분 합계: 100문항/약 90분	Native Speaker에 준하는 영어 능력: 상담, 토론 가능	• 모국어로 하는 외국인과 거의 대등한 의사소통이 가능 • 국제회의 통역도 가능한 수준
Level 2 공무원 군무원 자격증 등 영어대체 시험에 활용	문법: 26문항/20분 청취: 26문항/약 30분 독해 및 어휘: 28문항/40분 합계: 80문항/약 90분	다양한 상황에서 대화 가능: 업무상담 및 해외연수 등이 가능한 수준	• 일상생활 및 업무 상담 등에서 어려움 없이 의사소통할 수 있는 수준 • 외국인과의 회의 및 세미나 참석, 해외 연수 등이 가능한 수준
Level 3	문법: 22문항/20분 청취: 24문항/약 20분 독해 및 어휘: 24문항/40분 합계: 70문항/약80분	간단한 의사소통과 친숙한 상태에서의 단순 대화 가능	• 간단한 의사 소통과 친숙한 상태에서의 단순한 대화가 가능한 수준 • 해외 여행과 단순한 업무 출장을 할 수 있는 수준
Level 4	문법: 20문항/20분 청취: 20문항/약 15분 독해 및 어휘: 20문항/25분 합계: 60문항/약 60분	기본적인 문장을 통해 최소한의 의사소통이 가능한 수준	• 기본적인 어휘의 짧은 문장을 통해 최소한의 의사소통이 가능한 수준 • 외국인이 자주 반복하거나 부연 설명을 해주어야 이해할 수 있는 수준
Level 5	문법: 16문항/15분 청취: 16문항/약 15분 독해 및 어휘: 18문항/25분 합계: 50문항/약 55분	극히 초보적인 수준의 의사소통 가능	• 영어 초보자 • 일상의 인사, 소개 등을 듣고 이해할 수 있는 수준 • 말 또는 글을 통한 자기표현은 거의 불가능한 수준

Mastery 기준

문법(Grammar), 청취(Listening), 독해 및 어휘(Reading &Vocabulary) 모두 75% 이상 획득한 경우, Mastery 한 것으로 인정됨으로 영어 능력을 종합적으로 평가하여 수험자의 정확한 영어 활용 수준을 판단할 수 있음.

Section	점수 비율	Mastery 기준
문법(Grammar)	100점 만점	
청취(Listening)	100점 만점	
독해 및 어휘 (Reading & Vocabulary)	100점 만점	각 Section별 (문법 · 청취 · 독해 및 어휘) 75% 이상 획득해야 해당 등급 Mastery
총점	총 300점 만점	
평균	100점 (성적표 상 You have answered 00% of all the question in the test correctly 부분)	한 개 Section이 75% 미만인 경우 Near Mastery

• 활용 현황

정부 및 국가 자격증

국가공무원 5급	Level 2, 65점	군무원 7급	Level 2, 47점
외교관 후보자	Level 2, 88점	군무원 9급	Level 2, 32점
국가공무원 7급	Level 2, 65점	카투사	Level 2, 73점
국가공무원 7급(외무영사직렬)	Level 2, 77점	기상직	Level 2, 65점
국가공무원 7급(지역인재)	Level 2, 65점	변리사	Level 2, 77점
입법고시	Level 2, 65점	세무사	Level 2, 65점
법원 행정고시	Level 2, 65점	공인노무사	Level 2, 65점
소방간부 후보생	Level 2, 50점	외국어번역 행정사	라이팅 3급
경찰공무원(순경)	Level 2, 48점: 가산점 2점	관광통역안내사	Level 2, 74점
경찰공무원(순경)	Level 2, 75점: 가산점 4점	호텔경영사	Level 2, 79점
경찰공무원(순경)	Level 2, 89점: 가산점 5점	호텔관리사	Level 2, 66점
경찰간부 후보생	Level 2, 50점	호텔서비스사	Level 2, 39점
군무원 5급	Level 2, 65점	감정평가사	Level 2, 65점
		공인회계사	Level 2, 65점

머리말

- 지텔프 시험은 출제 범위가 정해져 있고, 문제 유형도 정해져 있습니다.
- 필자는 수많은 지텔프 수험생들의 고충을 듣고 기출문제를 철저히 분석하여 쉽게 고득점을 취득할 수 있는 방법을 알아냈습니다.
- 독해 문제에서 비록 완벽한 해석을 할 수 없다 하더라도 쉽게 답을 찾는 방법을 알아냈습니다.
- 이 책의 문제는 수많은 기출문제를 분석하여 실제 문제와 동일하게 구성하였습니다.
- 이 책 속에는 유형별로 답 찾는 법이 안내되어 있어서, 그 접근 방법으로 문제를 풀면 누구나 쉽게 답을 찾아낼 수 있어서 문법과 독해는 가장 단기간에 최고점을 취득할 수 있습니다.
- 문제가 이해되지 않을 때는 시간에 구애받지 않고 '유니크 쏙쏙 영문법' 해당 쪽수를 수시로 블로그에서 인강을 시청하여 도움을 받으실 수 있습니다.

'유니크 쏙쏙 G-TELP 족집게 511제' 학습 방법

제1단계 유니크 쏙쏙 영문법 블로그(https://blog.naver.com/unique200023)에서 반드시 지텔프 기초과정과 필수 과정(동사의 시제, 접속사, 분사, 동명사, 부정사, 조동사, 가정법, 관계사)을 블로그에 제시한 순서와 방법에 따라 공부를 하십시오. 기초가 부족한 학습자들은 인강(무료 제공)을 시청하면서 공부하세요.

제2단계 '유니크 쏙쏙 G-TELP 족집게 511제'에서 문법 족집게 문제 362문제만 먼저 공부하면서 유니크 쏙쏙 영문법에서 배운 문법을 적용하며 문제에서 답 찾는 법을 익히고 해설에 들어 있는 어휘를 자연스럽게 읽어봄으로써 습득하세요.

제3단계 '유니크 쏙쏙 G-TELP 족집게 511제'에서 문법 모의고사 87문제에 답 찾는 법을 적용하면서 문법 문제 해결에 빈틈이 없도록 점검하세요.

제4단계 '유니크 쏙쏙 G-TELP 족집게 511제'에서 독해와 어휘 62문제를 풀면서 답 찾는 법을 집중 습득 하세요. 그러면 완벽한 해석을 못하더라도 독해 문제에서 정답을 찾을 수 있습니다.
이제 여러분은 인생의 날개를 달게 될 것입니다.

CONTENTS

1 56–59쪽까지 철저히 하세요.

2 G–TELP에서는 특히 56쪽에서 의문사+주어+동사가 가장 자주 나옵니다.

01
정답 : (A)

She asked me/ _____ I liked Thai food.

그녀는 나에게 물었다/ 태국 음
식을 좋아하는지를.

(A) if (B) that
(C) which (D) what

해설 간접의문문 어순은 'if+주어+동사'이므로 u.56쪽 참조

어휘 ask 묻다, 질문하다 if=whether ～인지 아닌지 Thai 태국의

02
정답 : (D)

It is still unclear// _____ the Mayor will accept the recommendations of the City Council.

여전히 불분명하다// 시장이 시의
회의 권고를 받아들일지.

(A) if (B) about
(C) before (D) whether

해설 It라는 가주어를 대신 받는 진주어로 쓰이는 접속사는 whether 뿐이므로 u.58쪽 참조

어휘 still 여전히 unclear 불분명한 mayor 시장 accept 받아들이다/수락하다 recommendation 권고, 권유, 추천
　　 city council 시의회 about=concerning=regarding=respecting=as concerns(regards, respects) ～에 관하여

03
정답 : (D)

I don't know/ _____ there yesterday.

나는 모른다/ 그가 어제 그곳에서
무엇을 하고 있었는지.

(A) what was he doing (B) what did he do
(C) what he did doing (D) what he was doing

해설 간접의문문 어순은 '의문사+주어+동사'이며, 과거 진행형 시제이므로 u.56/83쪽 참조

어휘 know 알다 there 거기서 yesterday 어제

04
정답 : (A)

Susan was given the wrong information about her travel itinerary,// and she does not even remember _____.

Susan은 여행 일정에 대한 잘못된
정보를 받았으며,// 심지어 기억하
지도 못한다/ 누구와 통화했는지
를.

(A) who she talked to (B) to who she talked to
(C) who she talked to him (D) who did she talk to

해설 간접의문문의 어순은 '의문사+주어+동사'인데 구어체에서는 whom 대신에 who를 사용하기도 합니다. u.56쪽 참조

어휘 be given the wrong information 잘못된 정보를 받다 travel itinerary 여행 일정 even 심지어 remember 기억하다

05

Can you tell me _____ ?

(A) what time does the shop close (B) what time the shop closes

(C) what the shop closes time (D) what time the shop close

가게들이 몇 시에 문을 닫는지 말해줄 수 있니?

해설 간접의문문 어순은 '의문사+주어+동사'이며, 3인칭 단수는 동사에 's'를 붙이므로 u.52/56/26/23쪽 참조

어휘 what time 몇 시에 shop 가게 close 문을 닫다

06

She asked me _____ from her house to the station.

(A) how far was it (B) how was it far

(C) how far it was (D) how was far it

그녀는 자기 집에서 역까지 거리가 얼마나 되는지 내게 물었다.

해설 간접 의문문의 어순은 '의문사+주어+동사'이므로 u.56/52쪽 참조

어휘 ask 질문하다 how far 얼마나 먼 from A to B: A에게 B까지

07

The negotiations/ have been deferred/ in the wake of differences of opinion/ on _____ to publicize the negotiations.

(A) that (B) whether

(C) because (D) if

협상은/ 연기되었다/ 의견 차이 때문에/ 협상을 발표할 것인가 말 것인가에 대해서.

해설 전치사 뒤에 오면서 to부정사 앞에 올 수 있는 것은 whether뿐이므로 u.59쪽 참조

어휘 negotiation 협상 defer=delay=suspend=put off=postpone=procrastinate=prolong 지연시키다, 연기하다 difference 차이 in the wake of=because of=owing(due) to=on account of ~때문에 opinion 의견 publicize 발표(공표, 홍보, 광고)하다

08

We're not sure _____ here for dinner or go somewhere else.

(A) if to stay (B) whether stay

(C) whether to stay (D) whether you stay

우리는 저녁식사를 위해 여기에 머무르게 될지 또는 다른 곳으로 가게 될지 확실하지 않습니다.

해설 뒤에 or go가 왔으므로 앞에는 whether to가 와야 함 u.59쪽 참조

어휘 stay 머무르다 dinner 저녁식사 somewhere else 다른 곳

09

I'm not sure _____ go camping this weekend.

(A) if or not (B) whether or not

(C) whether not or to (D) whether or not to

나는 이번 주말에 캠핑 갈지 안 갈지 모르겠어.

해설 whether or not 다음에 동사가 올 경우에는 whether or not to가 됨 u.59쪽 참조

어휘 go camping 캠핑가다 this weekend 이번 주말

Chapter 2 — 동사의 시제(48문제)

(지텔프에서 가장 많이 출제 되는 단원)

1 완료시제와 진행시제가 집중적으로 시험에 나옵니다.

2 83/478/100/105쪽을 잊어버리면 날개 꺾인 새가 됩니다. 시제문제가 그곳에서 집중적으로 나옵니다.

3 주어 다음에 동사가 오며 항상 문장의 좌우에 숨어 있는 시간 부사구를 보고 그에 따라 시제를 맞추세요.

01

정답 : (A)

The high-speed train/ usually _____ on time.

(A) starts   (B) is starting

(C) has started   (D) will start

고속열차는/ 대개 정각에 출발한다.

해설 '경향'을 나타내므로 u.83/84쪽 참조

어휘 high-speed train 고속열차 usually=generally=in general 대개 on time=at the appointed time 정각에

02

정답 : (A)

Tim's paper/ _____ three processes for generating hydrogen/ in fuel cells.

(A) compares   (B) is compared

(C) comparisons   (D) was comparing

Tim의 논문은/ 수소를 생산하기 위한 세 가지 과정을 비교한다/ 연료 전지 속에서.

해설 주어 다음에 동사가 오며 목적어가 있으므로 타동사가 필요한 자리 u.22/62쪽 참조

어휘 paper 논문 compare 비교(비유)하다 process 과정 generate 생산하다 hydrogen 수소 fuel cell 연료 전지

03

정답 : (B)

Be sure to buy high quality products// even if they _____ not currently in vogue.

(A) be   (B) are

(C) was   (D) were

반드시 고품질의 제품을 구입하라// 비록 그것들이 현재 유행하고 있지 않더라도.

해설 명령문은 현재시제만 가능하므로 u.43/120쪽 참조

어휘 be sure to=never fail to 반드시 ～하라 high quality 고품질 product 제품 even if ～한다 하더라도 currently 현재 in vogue=in fashion 유행하는

04

정답 : (A)

Last quarter/ the rate of inflation/ _____ by 5 percent.

(A) rose   (B) raised

(C) has risen   (D) was risen

지난 4분기에/ 물가상승률은/ 5% 올랐다.

해설 지난 4분기는 과거이며 자동으로 올랐으므로 자동사가 필요함 u.32쪽 참조

어휘 last quarter 지난 4분기 the rate of inflation 물가상승률 rise-rose-risen 오르다 raise-raised-raised 올리다

05

정답 : (B)

Kevin _____ very pleased// when he was unexpectedly nominated as one of the Best Actors in the Academy Award.

(A) is
(B) was
(C) has been
(D) had been

Kevin은 매우 기뻤다// 예기치 않게 아카데미상 남우주연상 중 한 명으로 지명되었을 때(남우주연상 후보에 올랐을 때).

해설 종속절의 시제가 과거시제(was)이므로 u.83/86쪽 참조

어휘 pleased 기쁜, 만족한 unexpectedly 뜻하지 않게 nominate 지명하다 actor 남자 배우 the Academy Award 아카데미상

06

정답 : (A)

Last week/ the Department of Commerce/ _____ / the plan to introduce a new bill/ outlawing such actions.

(A) announced
(B) has announced
(C) had announced
(D) was announced

지난 주/ 상무부는/ 발표했다/ 새로운 법안을 도입 할 계획을/ 그러한 조치를 불법으로 규정하는 (새로운 법안을 도입할 계획을).

해설 지난주는 과거이며 목적어가 있는 능동이므로 u.83/86쪽 참조

어휘 last week 지난주 the Department of Commerce 상무부 plan 계획 introduce 도입하다 bill 법안
outlaw 불법으로 규정하다 action 행동, 조치

07

정답 : (A)

She was taken into hospital/ last week/ when her condition suddenly _____.

(A) deteriorated
(B) was deteriorated
(C) has deteriorated
(D) had been deteriorated

그녀는 병원으로 옮겨졌다/ 지난 주에/ 그녀의 상태가 갑자기 악화되었을 때.

해설 last week(지난주)는 과거시제이며 몸 상태가 자동으로 악화되므로 수동태가 될 수 없음. u.83/86쪽 참조

어휘 take 데리고 가다 into 안으로 hospital 병원 last week 지난주 condition 상태
suddenly=on a sudden=all of a sudden=all at once=abruptly=unexpectedly 갑자기
deteriorate=get(grow, become) worse=go from bad to worse=turn(change) for the worse 악화되다

08

정답 : (C)

At the beginning of this year,/ Pan Tech _____ one of the dominant market leaders/ in the areas of computer software.

(A) is
(B) has been
(C) was
(D) had been

금년 초에/ Pan Tech은 지배적인 시장점유율 최대기업 중 하나였다/ 컴퓨터 소프트웨어 분야에서.

해설 금년 초는 확실한 과거이므로 u.83/86쪽 참조

어휘 at the beginning of this year 금년 초에 dominant 지배적인 area 분야
market leaders 마켓 리더. 특정제품 분야 또는 특정지역에서 시장 점유율이 최대인 기업이나 제품

09

Global Carolina Connections/ _____ its fifth annual global business conference/ on August 9, 2017.

(A) hosted
(B) has hosted
(C) have hosted
(D) was hosted

Global Carolina Connections는/ 5번째 연례 세계 비즈니스 회의를 개최했다/ 2017년 8월 9일에.

해설 2017년은 과거시제이며 목적어가 있으므로 수동태가 될 수 없어요. u.83/86쪽 참조

어휘 host 개최하다, 주최하다 fifth 제 5차 annual 일 년마다 global 세계의 conference 회의 August 8월

10

정답 : (B)

An overpass on Interstate 28 in Lakeview County/ _____ yesterday,/ due to high flood waters.

(A) collapse
(B) collapsed
(C) have collapsed
(D) did collapsing

Lakeview County, Interstate 28번 고가도로가/ 어제 붕괴했다/ 높은 홍수로 인해서.

해설 어제는 과거시제이므로 u.83/86/117 쪽 참조

어휘 overpass 고가도로, 육교 Interstate 주를 잇는 county 미국의 군, 영국의 주 collapse=blow(come, fall) down 붕괴하다 due(owing) to=because of=on account of=on the grounds(score) of=in the wake of ~때문에 flood 홍수

11

정답 : (A)

Dr. Corley holds a Ph.D. in anthropology,/ and _____ a book about the Nile Delta last October.

(A) published
(B) has published
(C) have published
(D) was publishing

Corley박사는 인류학 박사학위를 가지고 있으며/ 지난 10월에 the Nile Delta에 관한 책을 출판했다.

해설 '지난 10월'이라는 확실한 과거시점이 제시되었으므로 u.83쪽 참조

어휘 hold-held-held 소유(소지, 보유)하다 anthropology 인류학 publish 출판하다 delta 삼각주 October 10월

12

정답 : (D)

We are going to _____ to Hawaii next month.

(A) taking a trip
(B) take a travel
(C) traveling
(D) take a trip

우리는 다음 달에 하와이로 여행갈 예정이야.

해설 be going to+동사 원형이므로 u.90쪽 참조

어휘 be going(due, scheduled, slated, supposed, planning) to ~할 예정이다 take a trip=travel 여행하다, 여행가다

13

A firm will not _____ // if its employees are unhappy.

(A) prosper   (B) prosperous

(C) prosperity   (D) prospering

회사는 번창하지 못하는 경향이 있다// 그 직원이 행복하지 못하면.

해설 조동사(will) 다음에는 동사 원형이 오므로. 이 때 will은 ~하는 경향이 있다 u.83/224쪽 참조

어휘 firm 회사 employee 직원 prosper=thrive=burgeon 번창하다 prosperous 번창하는 prosperity 번영, 번창

14

정답 : (A)

Due to the disappointing returns of this year,// spendings on the project/ _____ reduced/ over the next two years.

(A) will be   (B) was

(C) will have been   (D) have been

금년의 실망스런 수익률 때문에,// 그 프로젝트에 대한 지출은/ 삭감될 것이다/ 앞으로 2년 동안.

해설 앞으로 2년 동안은 미래이므로 u.83/117/375쪽 참조

어휘 due(owing) to=as a result(consequence) of ~때문에 disappointing 실망스런 returns 수입, 수익, 보수, 수익률
this year 금년 spending 지출, 소비 reduce=decrease=diminish=lessen 줄이다, 감소시키다
over the next two years 앞으로 2년 동안

15

정답 : (B)

Unless we fix the gas leak soon,// we run the risk of the situation becoming so serious/ that we _____ have to evacuate the production site.

(A) can   (B) will

(C) must   (D) should

가스 누출을 곧 수리하지 않으면,// 우리는 상황이 너무 심각 해져서/ 생산 현장을 철수시켜야 할 위험에 빠지게 된다.

해설 have to=must(~해야 한다)의 미래시제는 「will have to」이므로 u.83/100쪽 참조

어휘 unless ~하지 않으면, ~하지 않는 한 soon=before long=in time=by and by=sooner or later 곧, 조만간
gas leak 가스 누출 fix=mend=repair=do up 수리하다 run(take) the risk of ~할 위험을 무릅쓰다, ~할 위험에 빠지다
situation 상황 so ~ that 너무 ~해서 serious 심각한 evacuate 대피시키다 production site 생산 현장, 생산지

16

정답 : (B)

Mr. Mori _____ customers' responses to the current marketing campaign// before setting fourth-quarter sales goals.

(A) review   (B) will review

(C) was reviewed   (D) having reviewed

Mori는 현재의 마케팅 캠페인에 대한 고객들의 반응을 재검토할 예정이다// 4/4 분기 영업 목표를 설정하기 전에.

해설 주어가 3인칭 단수이며, 목적어가 있으므로 능동태가 되어야 함 u.62/83/88쪽 참조

어휘 customer 고객 response 반응 current 현재의 set 설정하다 fourth-quarter 4/4분기 sales goal 영업 목표
review 재검토하다

Chapter 2 동사의 시제 **13**

17

정답 : (C)

We _____ to establish a friendly relationship/ with that country/ for five years.

(A) try

(B) are trying

(C) have tried

(D) were trying

우리는 우호적인 관계를 맺으려고 애를 써 왔습니다/ 그 나라와/ 5년 동안.

해설 for five years라는 기간이 있으므로 '완료시제의 계속적 용법' u.91/167쪽 참조

어휘 try to ~하려고 애를 쓰다 establish 수립하다 a friendly relationship 우호적인 관계 for five years 5년 동안

18

정답 : (B)

The security system and screening process/ have _____ to safety/ along the border.

(A) contribute

(B) contributed

(C) contributor

(D) contributions

보안 시스템 및 검열 과정은/ 안전에 기여했다/ 국경을 따라서.

해설 현재완료시제는 'have+pp'이므로 u.91쪽 참조

어휘 security 보안 screening process 검열과정 contribute to 기여(공헌)하다 safety 안전 along the border 국경을 따라서

19

정답 : (B)

Brandel, Inc./ has reportedly _____ a 1,000-acre property in Florida,/ where it plans to build a manufacturing plant.

(A) purchase

(B) purchased

(C) purchasing

(D) to purchase

Brandel 주식회사는/ 알려진 바에 따르면 플로리다에 1,000에이커의 부동산을 구매해서/ 그곳에 제조공장을 지을 계획이라고 합니다.

해설 현재완료시제는 'have+pp'이므로 u.91/346쪽 참조

어휘 Inc.=incorporated 주식회사 reportedly 소문에 의하면, 알려진 바에 따르면 property 부동산 plan to ~할 계획이다 build-built-built 짓다 a manufacturing plant 제조공장

20

정답 : (B)

Our company _____ customers' responses/ for the past three months.

(A) monitored

(B) has monitored

(C) has been monitored

(D) had monitored

저희 회사는 고객의 반응을 관찰해왔습니다/ 지난 3개월 동안.

해설 시간부사구 for가 왔으므로 '완료시제의 계속적 용법'이며, 목적어가 있으므로 '능동' u.91/83쪽 참조

어휘 company 회사 customer 고객, 손님 response 반응 for the past three months 지난 3개월 동안 monitor 관찰하다

21

정답 : (B)

Global Automotive Connections/ _____ meetings for industry professionals/ for the last five years.

(A) hosted
(B) has hosted
(C) have hosted
(D) was hosted

Global Automotive Connections는/ 업계 전문가를 대상으로 회의를 주최해왔다/ 지난 5년 동안.

해설 복수형의 기관은 단수형이며, 뒤에 시간 부사구 for가 왔으므로 '현재완료 시제'가 되어야 함 u.91/500쪽 참조

어휘 host 개최하다, 주최하다 industry professional 업계 전문가 for the last five years 지난 5년 동안

22

정답 : (D)

There are some employers// who will never consider a job candidate who _____ from a previous   job.

(A) fired
(B) was fired
(C) has fired
(D) has been fired

일부 고용주들이 있다// 그들은 이전 직장에서 해고 된 적이 있는 입사 지원자를 결코 고려하지 않는 경향이 있다.

해설 '해고당한 적이 있다'의 뜻으로 경험을 나타내는 수동태이므로 u.91/478쪽 참조

어휘 employer 고용주 consider=allow for=make allowances for=take account of=take ~into account(consideration) 고려하다
job candidate 입사 지원자, 구직 희망자 previous job 이전의 직장 fire=dismiss=discharge=sack=kick out 해고하다

23

정답 : (C)

People who _____ for saying offensive things/ range from reality stars, celebrity chefs and news anchors to actors, journalists, fashion designers and everyone in between.

(A) are fired
(B) were fired
(C) have been fired
(D) had been fired

모욕적인 말을 해서 (지금까지) 해고된 사람들은/ 리얼리티 스타, 유명 요리사, 뉴스 앵커에서부터 배우, 언론인, 패션 디자이너 그리고 그 사이에 있는 모든 사람들에 이르기까지 다양하다.

해설 주절의 시제가 현재 시제이므로 「현재까지 해고된 사람」의 뜻이 와야 함 u.91/478쪽 참조

어휘 fire=dismiss=charge=sack=kick out 해고하다 offensive 모욕적인, 공격적인, 불쾌한, 무례한
range from A from B: A에서 B에 이르기 까지 다양하다 celebrity chef 유명 요리사 actor 배우 journalist 언론인

24

정답 : (D)

We were told/ that many manufacturing workers _____ / during the depression.

(A) fired
(B) are fired
(C) had fired
(D) had been fired

우리는 들었다/ 많은 제조업 근로자들이 해고당했다고/ 경기 침체기에.

해설 우리가 들은 것보다 that절이 먼저 일어난 일이며 근로자들이 해고당하므로 수동태 u.83/93/478쪽 참조

어휘 be told 듣다 manufacturing worker 제조업 근로자 during 동안에 depression 경기 침체
fire=dismiss=discharge=sack 해고하다

25

정답 : (D)

The manager claimed// that the annual sales report _____ out without the permission of the president.

(A) comes   (B) came

(C) has come   (D) had come

부장은 주장했다// 연례 판매보고서가 사장의 허락 없이 나왔다고.

해설 부장이 주장한 것보다 that절이 먼저 일어난 일이므로 '대과거(had+pp)'가 되어야 함 u.83/93쪽 참조

어휘 manager 부장 claim 주장하다 annual sales report 연례 판매보고서 permission 허락 president 사장, 총장, 대통령

26

정답 : (D)

The manager asked if there _____ any calls for him during the previous day.

(A) was   (B) would be

(C) have been   (D) had been

경영자는 물었다// 전날 자기에게 어떤 전화가 왔는지를.

해설 물어본 시점이 과거이고, 그 전날의 내용이므로 '대과거(had+pp)'가 되어야 함 u.83/93쪽 참조

어휘 manager 경영자, 관리자, 부서장 call 전화 during the previous day 전날에

27

정답 : (C)

Arriving home in her best dress,/ she did not want to play with her kids until she _____.

(A) was changing   (B) has changed

(C) had changed   (D) had been changing

최고의 드레스를 입고 집에 도착한,/ 그녀는 옷을 갈아입고 나서야 비로소 애들과 함께 놀기를 원했다.

해설 옷을 갈아입는 행위가 완료된 후에 애들과 놀기 때문에 '과거완료 시제(had+pp)'가 되어야 함 u.93/125쪽 참조

어휘 arrive 도착하다 kid 아이 until ~까지 change 옷을 갈아입다

28

정답 : (D)

While it wasn't clear whether or not Lisa _____or let go,// the one thing that was plain as day/ was that we weren't to gossip about it among ourselves.

(A) was fired   (B) had fired

(C) have been fired   (D) had been fired

Lisa가 해고당했는지 아니면 내보내졌는지 여부는 명확하지 않았지만,// 한 가지 분명한 것은/ 우리들끼리 그것에 대해 쑥덕거려서는 안 된다는 것이었다.

해설 해고당한 것이 먼저 일어난 일이므로 '대과거 수동태가(had+been+pp)' 되어야 함 u.93/58쪽 참조

어휘 while=though=although=even though ~이지만 clear 명확한, 분명한 let go 내보내다 (as) plain as day 분명한, 명백한(u.320) be to ~해야 한다(u.187) gossip about ~에 대해 쑥덕거리다, ~에 대해 소곤거리다 among ourselves 우리들끼리 fire=dismiss=discharge=eject=boot=sack=cut loose =give~a shake=give~the air(bag, sack, kick)=give~notice 해고하다

29

정답 : (B)

The company has reported// that it will be _____ new products/ at its booth for this year's event.

(A) introduce
(B) introducing
(C) introduced
(D) introduces

그 회사는 발표했다// 신제품을 소개할 예정이라고/ 금년 행사를 위한 그 회사의 전시장에서.

해설 이미 예정된 계획은 미래 진행형 시제로 나타내므로 u.96쪽 참조

어휘 report 발표(보고, 신고)하다 booth 행사장, 전시장 event 행사, 사건

30

정답 : (B)

While Ms. Fretz is on vacation next May,// Mr. Cho _____ over the contract negotiations with our Mumbai vendor.

(A) takes
(B) will be taking
(C) have taken
(D) will have taken

Ms. Fretz가 다음 5월에 휴가를 보내는 동안,// Mr. Cho가 Mumbai 공급 업체와의 계약 협상을 떠맡을 예정이다.

해설 이미 예정된 계획은 미래 진행형 시제로 나타내므로 96쪽 참조

어휘 Ms. 미혼, 기혼 구별 없는 여성의 존칭 on vacation 휴가 중 take over 떠맡다, 인수하다 contract negotiation 계약 협상 vendor 공급 업체, 판매 업체, 노점상

31

정답 : (D)

Here's a list of officials// who _____ or have left the administration// since Mr Trump took office on January 20, 2017.

(A) sacked
(B) have sacked
(C) have been sacking
(D) have been sacked

여기에 관리들의 목록이 있다// 그들은 해임되거나 행정부를 떠났다// 트럼프가 2017년 1월 20일에 취임 한 이후로.

해설 트럼프가 취임한 이후로 현재까지 해임되었으므로 '현재완료 수동태'가 필요함 u.98/478쪽 참조

어휘 list 목록 official 관리 the administration 행정부 take office 취임하다 sack=fire=eject=boot=kick(drum) out 해고하다

32

정답 : (B)

Ever since Mr. Smith _____ head of the town's community center,// he has been convening with residents at least once a week

(A) appointed
(B) was appointed
(C) has appointed
(D) had appointed

Smith씨는 마을의 문화회관장으로 임명 된 이후,// 그는 적어도 일주일에 한 번 주민들과 모임을 가져 오고 있다.

해설 주절이 현재완료 진행형(과거부터 지금까지 하고 있다)이므로 Since는 과거시제가 되어야 함 u.98쪽 참조

어휘 ever since ~한 이후로, ~한 이래로 head 우두머리, 책임자 community center, 문화회관 convene 모임을 갖다 resident 주민 at least=at the least=not less than 최소한 once a week 일주일에 한 번 appoint 임명하다

33

정답 : (C)

Financial conditions of the company/ _____ worse/ since it failed to market the new products successfully.

(A) become

(B) became

(C) have become

(D) have became

| 회사의 재정 상태가/ 악화되었다// 회사가 새로운 제품을 성공적으로 시장에 내놓는 데 실패한 이후로. |

해설 실패한 것이 과거이고 그 이후로 악화되었으므로 현재완료시제가 필요함 u.98/162쪽 참조

어휘 financial conditions 재정 상태 company 회사 get(grow, become) worse=go from bad to worse 악화되다
since ~한 이후로, ~한 아래로 fail 실패하다 market 시장에 내놓다 product 제품 successfully 성공적으로

34

정답 : (A)

More than twenty senior figures in the administration/ have been fired or quit// since Trump _____ office in January, 2017.

(A) took

(B) was taken

(C) had taken

(D) have taken

| 20명이 넘는 행정부의 고위 인사들이/ 해임되거나 그만 두었다// 트럼프가 2017년 1월에 취임 한 이래로. |

해설 2017년은 확실한 과거이므로 u.98쪽 참조

어휘 more than ~이상 senior figure 고위 인사 the administration 행정부 take office 취임하다
fire=eject=boot=cut loose=give~a shake=give~the air(bag, sack, kick)=give~notice 해고하다 quit=stop 그만두다

35

정답 : (D)

Since the former celebrity businessman entered the Oval Office,// the list of departures from his administration _____ rapidly.

(A) rises

(B) rose

(C) has risen

(D) has been rising

| 전 유명 인사 사업가가 타원형 사무실(백악관의 대통령 집무실)에 들어온 이후// 그의 행정부에서 떠나는 인사의 명단이 (지금까지) 급속도로 늘어나고 있다. |

해설 과거부터 지금까지 계속 늘어나고 있으므로 '현재완료 진행형' u.98쪽 참조

어휘 Since ~이후로, ~이래로 the former celebrity businessman 전 유명인사 사업가 the Oval Office 백악관의 대통령 집무실
the list of departures 떠나는 인사들의 목록 administration 행정부 rapidly=by leaps and bounds 급속도로 rise 늘어나다

36

정답 : (A)

As soon as you _____ the flight schedule,// please notify us of the result.

(A) confirm

(B) confirming

(C) confirmed

(D) will confirm

| 항공편 일정을 확인하는 즉시// 그 결과를 알려주십시오. |

해설 시간 부사절에서 미래를 나타낼 때는 현재 시제를 사용하므로 u.100/78쪽 참조

어휘 as soon as ~하자마자 flight schedule 항공편 일정 notify(inform) A of B A에게 B를 알리다 result 결과
confirm 확인하다

37

As soon as the products _____ ,// he will dispatch them/ to the proper department.

(A) arrive   (B) arrived

(C) will arrive   (D) is arriving

제품이 도착하자마자,// 그는 그것들을 급송할 예정이다/ 알맞은 부서로.

해설 시간 부사절에서 미래를 나타낼 때는 현재 시제를 사용하므로 u.100/90쪽 참조

어휘 as soon as=once ~하자마자 product 제품 dispatch 급송(급파)하다 proper 알맞은, 적절한 department 부서 arrive 도착하다

38

I will give you the document// when you _____ my office tomorrow.

(A) drop by   (B) will drop by

(C) is dropping by   (D) have dropped by

내가 너에게 문서를 줄게,// 네가 내일 내 사무실에 들르면.

해설 시간 부사절에서 미래를 나타낼 때는 현재 시제를 사용하므로 u.100

어휘 document 문서 office 사무실 drop(stop, come) by=drop(stop) in at=call at=pay a casual visit to 들르다

39

Could you spare me some time/ before you _____ the conference tomorrow?

(A) attend   (B) will attend

(C) will be attending   (D) are going to attend

잠시 저에게 시간 좀 내주실 수 있나요/ 내일 회의에 참석하기 전에?

해설 시간 부사절에서 미래를 나타낼 때는 현재 시제를 사용하므로 u.100

어휘 spare 할애하다 conference 회의 tomorrow 내일 attend 참석하다

40

The technician/ will visit our office/ for installation of the new equipment// when it _____ delivered.

(A) is   (B) was

(C) will be   (D) had been

그 기술자가 우리 사무실을 방문할 것이다/ 새로운 장비의 설치를 위해// 그것이 배달되면.

해설 시간 부사절에서 미래를 나타낼 때는 현재 시제를 사용하므로 u.100

어휘 technician 기술자 installation 설치 equipment 장비 deliver 배달하다

41

정답 : (A)

The employees who have qualified for the two-year technical training in Japan// will be on special leave/ as soon as they _____ the program.

(A) complete　　　　　　　(B) will complete

(C) will be completed　　　(D) will be completing

일본에서 2년간의 기술 연수를 받을 자격을 얻은 직원들은/ 특별 휴가를 받게 될 것이다/ 그 프로그램을 마치자마자.

해설 시간 부사절에서 미래를 나타낼 때는 현재 시제를 사용하므로 u.100

어휘 employee 직원, 종업원 qualify for ～에 대한 자격을 얻다(갖다) technical training 기술 연수
　　 be on special leave 특별 휴가를 받다 as soon as ～하자마자 complete 완성하다, 달성하다, 마치다

42

정답 : (B)

If the inter-Korean summit talks _____,// it will have a dramatic effect on the stock market.

(A) hold　　　　　　(B) are held

(C) will hold　　　　(D) will be held

남북 정상회담이 열리면,// 주식 시장에 큰 영향을 미칠 것입니다.

해설 조건 부사절에서 미래를 나타낼 때는 현재 시제를 사용하므로 u.100

어휘 the inter-Korean summit talks 남북 정상회담 be held=take place 개최되다
　　 have an effect(impact, influence) on ～에 영향을 끼치다 dramatic 극적인 stock market 주식 시장

43

정답 : (B)

After the president _____ the letter three times,// he finally sent it.

(A) rewrites　　　　　(B) rewrote

(C) has rewritten　　　(D) was rewriting

의장은 편지를 세 번 고쳐 쓴 후,// 마침내 그것을 보냈다.

해설 주절이 시제가 과거일 때 after가 이끄는 절의 시제는 과거나 과거완료 시제이므로 u.105쪽 참조

어휘 president 의장, 사장 three times 세 번 finally=ultimately=eventually 마침내 send-sent-sent 보내다
　　 rewrite 고쳐 쓰다

44

정답 : (A)

Ms. Jovelyn _____ about her promotion// before it was announced.

(A) knew　　　　　　(B) was knowing

(C) has known　　　(D) had been knowing

Jovelyn씨는 자신의 승진에 대해서 알고 있었다// 그것이 발표되기 전에.

해설 before 앞의 시제는 과거나 과거완료 시제를 사용하므로 u.105쪽 참조

어휘 Ms. 미혼, 기혼 구별 없는 여성 존칭 promotion 승진 before ～하기 전에 announce 발표하다

45

정답 : (B)

The employees _____ about the new appointment// before the news was made public.

(A) known　　　　　　　　(B) were told

(C) have known　　　　　(D) were aware

직원들은 그 새로운 임명에 대해 들었다// 그 소식이 공개되기 전에.

해설 before 앞의 시제는 과거나 과거완료 시제를 사용하므로 u.105쪽 참조

어휘 employee 직원 be told about ~에 대해 듣다 appointment 임명 make public 공개하다, 발표하다 be aware of ~을 알다

46

정답 : (A)

Before the analysts submitted the final report,// the company _____ to take on the project.

(A) agreed　　　　　　　(B) was agreed

(C) has agreed　　　　　(D) had been agreed

분석가들이 최종 보고서를 제출하기 전에,// 그 회사는 그 프로젝트를 떠맡기로 동의했다.

해설 before가 이끄는 절의 시제가 과거시제일 때, 주절의 시제는 과거나 과거완료 시제이므로 u.105쪽 참조

어휘 analyst 분석가 submit=give(turn, send, hand) in 제출하다 final report 최종보고서
company 회사 take on=assume 떠맡다 agree(consent) to ~하기로 동의하다

47

정답 : (C)

_____ he discovered the cause of the engine problem,// the airline mechanic worked through the night/ to correct it.

(A) Before　　　　　　　(B) While

(C) After　　　　　　　　(D) Until

엔진 문제의 원인을 발견 한 후,// 항공 정비사는 밤새 일을 했다/ 그 문제를 해결하기 위하여.

해설 주절의 내용으로 보아 가장 자연스러우므로 u.105쪽 참조

어휘 discover 발견하다 cause 원인 airline mechanic 항공 정비사 work through the night 밤새 일을 하다
correct 고치다, 수정하다, 해결하다 before ~하기 전에 while ~하는 동안에 after ~한 후에 until ~할 때까지

48

정답 : (D)

I am working hard on this project these days. By the time I finish the project, I _____ on it for three months.

(A) are working　　　　　(B) have been working

(C) had been working　　(D) will have been working

나는 요즘 이 프로젝트를 열심히 하고 있다. 내가 그 프로젝트를 끝낼 무렵이면, 나는 그 일을 3개월 동안 하고 있을 것이다

해설 미래까지 프로젝트를 계속 하고 있을 것이므로 '미래완료 진행형' 시제 u.110쪽 참조

어휘 hard 열심히 these days 요즘 by the time ~할 무렵 finish 끝내다 for three months 3개월 동안

Chapter **3** 접속사(68문제)

1 주어 동사가 있는데, 또 종속절이 있으면 반드시 접속사가 필요하다는 점 명심하세요.(u.38쪽 참조)

2 종속 접속사를 고를 때는 주절의 내용을 먼저 읽고 주절과의 관계를 추론하세요.

3 등위 접속사는 반드시 좌우에 있는 문맥에 주목하고, 동사가 없고 명사만 오면 전치사를 고르세요.

4 while/during/for를 잘 구별하세요.(u.107쪽 참조)

01

정답 : (B)

When _____ new figures into a financial report,// the accountant must make sure that the totals reflect the changed amounts.

(A) incorporate　　　　　(B) incorporating

(C) incorporated　　　　(D) having incorporated

새로운 수치를 재무 보고서에 통합할 때,// 회계사는 반드시 합계가 변경된 금액을 반영하도록 해야 한다.

해설 when ~ing ~할 때 u.106쪽 참조

어휘 figure 숫자, 인물, 도표 financial report 재무 보고서 accountant 회계사 make sure=make certain 반드시 ~하다 must=have to ~해야 한다 total 합계, 총계 reflect 반영하다 amount 금액, 액수, 총액 incorporate 통합(혼합, 합병)하다, 짜 넣다

02

정답 : (D)

All the members of the Baja basketball team/ are required to commit to a high-protein and carbohydrate diet// _____ training for the national games.

(A) at　　　　　(B) by

(C) that　　　　(D) when

Baja 농구 팀의 모든 구성원은/ 고단백과 탄수화물 식단을 준수해야합니다/ 전국적인 경기(전국대회)를 위해 훈련 할 때.

해설 when~ing ~할 때 u.쪽 106참조

어휘 basketball 농구 be required to ~해야 한다 commit to 준수하다, 전념하다 high-protein 고단백 carbohydrate 탄수화물 diet 식단 national 전국적인, 전 국민의, 국가적인

03

정답 : (B)

Johnson Tour's employees/ are required to obtain authorization from their manager//_____ borrowing company audio-visual materials.

(A) as　　　　　(B) when

(C) since　　　　(D) because

Johnson Tour 직원들은/ 관리자로부터 승인받아야 한다// 회사의 시청각 자료를 차용할 때.

해설 when ~ing ~할 때 u.106쪽 참조

어휘 employee 직원 be required to ~해야 한다 obtain=get=gain=acquire=secure=procure=come by 얻다 authorization 승인 borrow 차용하다, 빌리다 company audio-visual materials 회사의 시청각 자료

04

정답 : (B)

Young people can learn important lessons// when _____ the responsibility of dealing with some problems by themselves.

(A) giving
(B) given
(C) to give
(D) to be given

젊은이들은 중요한 교훈을 배울 수 있다// 스스로 문제를 다루어야 할 책임이 주어졌을 때.

해설 젊은이들에게 '책임이 주어지므로' 수동: when (they are) given에서 (they are)를 생략한 구문 u.140쪽 (5)번 참조

어휘 learn 배우다 important lesson 중요한 교훈 responsibility 책임 by oneself=independently 스스로, 독립적으로 deal(do, cope) with=attend to=treat=handle=manage=address 다루다, 처리하다

05

정답 : (D)

You are not allowed to keep your personal belongings with you// _____ taking the test.

(A) since
(B) for
(C) during
(D) while

여러분은 개인 소지품을 가지고 있을 수 없습니다.// 시험을 치르는 동안에는.

해설 while~ing ~하는 동안에 u.106/107쪽 참조

어휘 allow 허용하다 keep 가지고 있다 personal belongings 개인 소지품 take the test 시험을 치르다 since ~때문에, ~이후로 for+수사 ~동안에 during+명사 ~동안에 while ~하는 동안에, ~하면서, ~하다가, ~이지만, ~인 반면

06

정답 : (A)

She/ worked/ in the personnel section/ _____ 3 years.

(A) for
(B) before
(C) during
(D) since

그녀는/ 근무했다/ 인사과에서/ 3년 동안.

해설 수사를 동반한 기간이 왔으므로 u.107쪽 참조

어휘 work 일하다 personnel section 인사과

07

정답 : (B)

He got married to his wife/ _____ his stay in London for four years.

(A) while
(B) during
(C) for
(D) over

그는 자기 아내와 결혼했다/ 4년 동안 런던에 머물러 있는 동안에.

해설 뒤에 기간 명사가 왔으므로 u.107쪽 참조

어휘 get married to ~와 결혼하다 stay 체류, 머무름 during+기간 명사 ~동안에 for+숫자 ~동안에

08

정답 : (B)

_____ the past few months,// John has had some problems working with his colleagues.

(A) Since
(B) For
(C) During
(D) While

지난 몇 달 동안// John은 동료들과 함께 일하는 데 몇 가지 문제가 있었다.

해설 현재완료의 계속적 용법이므로 u.107쪽 참조

어휘 for the past few months 지난 몇 달 동안 colleague 동료 since ~때문에, ~이후로 during+명사 ~동안에 while ~하는 동안에, ~하면서, ~하다가, ~이지만, ~인 반면

09

정답 : (A)

P&G Entertainment has sponsored the music festivals/ _____ the last two years.

(A) for
(B) while
(C) in
(D) since

P&G Entertainment가 그 음악 축제를 후원해왔습니다/ 지난 2 년 동안.

해설 주절의 시제가 현재완료 시제이며 뒤에 숫자를 동반한 기간이 나왔으므로 u.107쪽 참조

어휘 entertainment 연예, 오락 sponsor 후원하다 festival 축제 for the last three years 지난 3년 동안

10

정답 : (A)

Most nations in South America/ have suffered recessions/_____ decades/ because of their political instabilities.

(A) for
(B) during
(C) since
(D) while

남미의 대부분의 국가는/ 경기 침체를 겪어 왔다/ 수십 년 동안/ 정치적 불안정 때문에.

해설 decade=ten years(10년)이므로 u.107쪽 참조

어휘 most 대부분의 nation 국가 South America 남미 suffer 겪다, 당하다 recession 경기 침제 political instability 정치적 불안 for decades=for several years 몇십 년 동안 because of=owing(due) to=on account of ~때문에

11

정답 : (C)

60 percent of the respondents/ said// they would undertake the research and development projects as _____ / so as to strengthen productivity.

(A) plan
(B) planning
(C) planned
(D) plans

응답자중 60%는/ 말했다// 그들이 연구 개발 프로젝트를 계획대로 떠맡겠다고/ 생산성을 강화하기 위해서.

해설 프로젝트가 계획되므로 수동태 u. 108/478/206쪽 참조

어휘 respondent 응답자 undertake=take on 떠맡다 research 연구 development 개발 as (they had been) planned 계획대로 so as to=in order to=with intent to~ing =for the sake of~ing ~하기 위해서 strengthen 강화하다 productivity 생산성

12

정답 : (B)

The Foreign Minister's English/ is so good// that she sounds almost _____ a native speaker.

(A) as

(B) like

(C) close to

(D) the same

외무부 장관의 영어는/ 아주 훌륭해서// 그녀의 말은 거의 원어민처럼 들린다.

해설 '～처럼'의 뜻을 가진 전치사이므로 u.110쪽 참조

어휘 the Foreign Minister 외무부 장관 so ～that 너무 ～해서 sound like ～처럼 들리다
almost=nearly=practically=virtually=all but=next to=well-nigh 거의 a native speaker 원어민

13

정답 : (A)

By the time the meeting _____ over,// my secretary will finish arranging transportation// for all of us.

(A) is

(B) was

(C) will be

(D) has been

회의가 끝날 무렵,// 제 비서가 교통편을 다 준비해 놓을 것입니다/ 우리 모두를 위해.

해설 By the time이 이끄는 절이 시간 부사절이며, 미래를 나타낼 때는 현재시제를 사용하므로 u.100/110쪽 참조

어휘 by the time ～할 무렵 be over 끝나다 secretary 비서 finish 끝마치다
arrange transportation(미)=arrange transport(영) 교통편을 마련하다, 차량을 준비하다

14

정답 : (D)

By the time we discovered the computer problems,// most of the important files/ _____.

(A) had been disappeared

(B) have disappeared

(C) have been disappeared

(D) had disappeared

우리가 컴퓨터 문제를 발견했을 때는,// 중요한 파일 대부분이/ 이미 사라지고 없었다.

해설 자동사이며 문제를 발견한 것 보다 파일이 사라진 것이 먼저이므로 'had+pp' u.110쪽 참조

어휘 by the time ～할 무렵, ～할 때 discover 발견하다 problem 문제 disappear=vanish 사라지다

15

정답 : (D)

By the time the convict is released,// he _____ five years in prison.

(A) will spend

(B) has spent

(C) will be spending

(D) will have spent

죄수가 석방될 때,// 그는 감옥에서 5년을 보내게 될 것이다.

해설 미래에 5년이 끝나므로 '미래완료 시제(will+have+pp)' u.110/94쪽 (1)번 참조

어휘 by the time=when ～할 때, ～할 무렵 convict 죄수, 기결수 release=let out 석방하다 prison 감옥
spend-spent-spent 보내다

16

정답 : (D)

By the time the FBI agents arrived,// the terrorists _____
practically everything of importance in the establishment.

미국연방수사국 요원들이 도착했을 때,// 테러분자들은 그 시설 안에 있는 거의 모든 것을 파괴해버렸다.

(A) destroyed   (B) will destroy

(C) have destroyed   (D) had destroyed

해설 요원들이 도착한 것보다 파괴한 것이 먼저이므로 'had+pp' u.110/93쪽 참조

어휘 by the time=when ~할 때, ~할 무렵 FBI=Federal Bureau of Investigation 미국연방수사국 agent 요원, 기관원
arrive 도착하다 terrorist 테러분자 practically=virtually=nearly 거의 of importance=important 중요한
establishment 시설 destroy 파괴하다

17

정답 : (B)

You will continue to profit from this machine// _____ you
perform regular maintenance checks.

당신은 이 기계로부터 계속 이익을 얻게 될 것입니다.// 당신이 정기적인 유지 보수 점검을 수행하는 한.

(A) as much as   (B) as long as

(C) as soon as   (D) as many as

해설 주절의 내용으로 보아 '~한다면, ~하는 한'이 들어가야 자연스러우므로 u.112쪽 참조

어휘 continue to 계속해서 ~하다 profit from ~로부터 이익을 얻다
machine 기계 perform=carry out=carry through 수행하다 regular 정기적인
maintenance 유지 보수 as much as ~이지만 as long as ~한다면, ~하는 한 as soon as ~하자마자

18

정답 : (B)

The district office/ will be closed at 5p.m. on Thursday/_____
holiday weekend.

구청은/ 목요일 오후 5시에 문을 닫을 것입니다/ 주말 연휴 때문에.

(A) since   (B) due to

(C) while   (D) as if

해설 문이 금요일이 아닌 목요일에 닫히는 이유를 나타내므로 u.117쪽 참조

어휘 district office 구청 close 닫다 due(owing) to=because of=on account of ~때문에 holiday weekend 휴가를 낀 주말
since ~때문에, ~이후로 while ~하는 동안에, ~인 반면 as if=as though 마치 ~인 것처럼

19

정답 : (D)

_____ sharp rise in prices,// car sales have decreased by
20%/ for six months.

가파른 가격 상승으로 인해.// 자동차 판매고가 20 % 감소했다/ 6개월 동안.

(A) In result of   (B) As result of

(C) As consequence of   (D) As a result of

해설 주절의 내용에 대한 원인이므로 u.117쪽 참조

어휘 sharp 급격한, 가파른 rise 상승 price 가격 sales 판매고 decrease=diminish 감소하다
as a result(consequence) of=in consequence of=on the grounds(score) of=on account of=owing(due) to ~때문에

20

정답 : (B)

She takes after her father// in _____ she is fond of jazz.

(A) which   (B) that
(C) what   (D) where

그녀는 자기 아빠를 닮았다// 그녀가 재즈를 좋아한다는 점에서.

해설 in that ~라는 점에서, ~하기 때문에 u.117쪽 참조

어휘 take after=be similar(analogous, akin) to ~를 닮다, ~와 비슷하다
be fond of=be nuts for=take a fancy to ~을 좋아하다

21

정답 : (C)

Traffic has been flowing smoothly// _____ the new bridge has been opened.

(A) until   (B) because of
(C) now that   (D) owing to

교통이 원활하게 흐르고 있다// 새로운 다리가 개통되어서.

해설 교통이 원활하게 흐르게 된 이유이기 때문에 u.117쪽 참조

어휘 traffic 교통 flow 흐르다 smoothly 부드럽게, 원활하게 bridge 다리 until ~까지
because of=owing(due) to=on account of=in consequence of ~때문에 now that=seeing that=in that ~하기 때문에

22

정답 : (B)

_____ the bad weather condition,// the Lexus project may not be implemented/ as it was originally planned.

(A) Because   (B) Owing to
(C) Despite   (D) In spite of

나쁜 기상 상황 때문에,// Lexus 프로젝트는 실행되지 않을 수도 있다/ 원래 계획되었던 대로.

해설 주절에 대한 이유이며, 뒤에 명사구가 왔으므로 u.117쪽 참조

어휘 bad weather condition 나쁜 기상 상황 implement=carry out 실행(수행)하다
as it was originally planned 원래 계획되었던 대로 because+주어+동사 ~때문에
owing(due) to=on account of ~때문에 despite=in spite(despite, defiance) of ~에도 불구하고

23

정답 : (D)

Mr. Jackson will hire designers and architects/ for the new project/ _____ the budget for the project has been approved by the company.

(A) because of   (B) until
(C) in order to   (D) now that

Jackson씨가 디자이너와 건축가를 고용할 거야/ 그 새로운 프로젝트를 위해서// 프로젝트를 위한 예산이 회사에 의해 승인되었기 때문에.

해설 「주어+동사」가 있으므로 접속사가 와야 하며, 문맥상 주절의 이유가 되므로 u.117쪽 참조

어휘 hire=employ 고용하다 architect 건축가 budget 예산 approve 승인하다 company 회사
in order to=so as to ~하기 위하여 because of=owing(due) to=on account of ~때문에
until ~할 때까지 now that=seeing that=in that ~하기 때문에

24

_____ the differences in their policies,// the two countries could seldom come to any agreement/ in their trade negotiations.

(A) Because

(B) Because of

(C) Though

(D) Despite

정책의 차이 때문에,// 그 두 나라는 좀처럼 어떤 합의에도 도달할 수 없었다./ 그들의 무역 협상에 있어서.

해설 명사구가 왔으며, 동시에 주절에 대한 이유를 나타내므로 u.117/120쪽 참조

어휘 difference 차이 policy 정책 seldom=rarely 좀처럼 ~하지 않다 come to an agreement 합의하다
trade negotiations 무역 협상 because+주어+동사 ~때문에 because of+명사(구) ~때문에
though+주어+동사 ~이지만 despite+명사(구) ~에도 불구하고

25

You may as well join them,// _____ they need another volunteer.

(A) while

(B) seeing that

(C) since that

(D) suppose that

너는 그들과 합류하는 것이 좋아.// 그들이 또 한 명의 자원봉사자를 필요로 하기 때문에.

해설 문맥상 종속절이 주절에 대한 이유를 나타내므로 u.117쪽 참조

어휘 may(might) as well=had better ~하는 편이 낫다(u.216) join 합류하다 another 또 한 명의 volunteer 자원봉사자, 지원자
while 반면에 seeing that=now that=in that=inasmuch as ~이니까, ~하기 때문에 suppose(supposing) that ~한다면

26

_____ they were late,// they could not enter the conference hall.

(A) However

(B) Because

(C) Therefore

(D) Although

그들은 늦었기 때문에// 회의장에 들어갈 수 없었다.

해설 주절의 내용으로 보아 '들어갈 수 없는 이유'가 와야 하므로 u.117쪽 참조

어휘 late 늦은, 지각한 enter 들어가다 conference hall 회의실 however 그러나 because=since=as ~때문에
therefore=thereupon=so=thus=hence 그러므로 although=even though=though=notwithstanding ~이지만

27

Health care professionals/ recommend// that we eat sea food/ as often as possible//_____ it contains less fat than most meats.

(A) when

(B) since

(C) if

(D) though

건강관리 전문가들은/ 권장한다/ 우리에게 바다 음식을 먹으라고/ 가능한 한 자주// 왜냐하면 그것이 대부분의 고기보다 지방을 더 적게 함유하고 있기 때문에.

해설 바다음식을 먹으라고 권장한 이유이므로 u.117/244쪽 참조

어휘 health care professional 건강관리 전문가 recommend 권장(추천)하다 sea food 바다 음식
as often as possible 가능한 한 자주 contain=include 함유(포함)하다 fat 지방 most meat 대부분의 고기

28

정답 : (C)

The accountant couldn't help being late for work this morning// _____ the main street was blocked by a broken truck.

(A) if　　　　　　　　　　(B) when

(C) since　　　　　　　　(D) though

그 회계사는 오늘 아침 직장에 지각하지 않을 수 없었다./ 중심가가 고장 난 트럭에 의해 막혔기 때문에.

해설 앞 문장에 대한 이유를 나타내므로 u.117/171쪽 참조

어휘 accountant 회계사 cannot help ~ing ~하지 않을 수 없다 late 늦은, 지각한 this morning 오늘 아침 the main street 중심가 block 막다, 차단하다 broken 고장 난, 부서진 if ~한다면 when ~할 때 since ~때문에 though ~이지만

29

정답 : (C)

_____ he possesses such business sense,// he is expected to gain control of the department soon.

(A) While ·　　　　　　　(B) Even though

(C) Inasmuch as　　　　(D) Even if

그는 대단한 사업 감각을 가지고 있기 때문에// 조만간 부서를 장악할 것으로 예상된다.

해설 주절의 내용에 대한 이유가 되어야 하므로 u.117쪽 참조

어휘 possess=be possessed of 소유하다 such 대단한 be expected to ~할 것으로 예상되다 gain control of 장악하다 department 부서 soon=presently=shortly=before long=by and by=sooner or later 조만간, 곧 while ~하는 동안에~인 반면 even though=although=though ~이지만 inasmuch as ~때문에 even if ~한다 하더라도

30

정답 : (A)

_____ you had ten thousand dollars,// what would you do with it?

(A) Suppose　　　　　　(B) Unless

(C) Provide　　　　　　(D) Though

만일 네가 만 달러를 가지고 있다면,//너는 그것으로 무엇을 할 거야?

해설 주절에 조건 조동사가 있으므로, 조건 접속사가 필요함 u.119쪽 참조

어휘 thousand 천 suppose=supposing=providing=provided ~한다면 unless ~하지 않는 한 provide 제공하다 though ~이지만

31

정답 : (A)

Look, _____ you lost your job tomorrow,// what would you do?

(A) suppose　　　　　　(B) provide

(C) guess　　　　　　　(D) imagine

야, 네가 내일 실직하면, 넌 무엇을 할 거니?

해설 주절에 조건 조동사가 있으므로, 조건 접속사가 필요함 u.119쪽 참조

어휘 Look 야! 이봐! lose-lost-lost 잃다 job 직업 tomorrow 내일 provide=supply 제공하다 guess 추측하다 imagine 상상하다 suppose=supposing=providing=provided=on condition that=in the event that ~한다면

32

_____ you paid within a week,// we would give you a special discount.

(A) Should
(B) Had
(C) Supposed
(D) Provided

1 주일 이내에 납부(지불)하신다면,// 특별 할인을 해드릴 텐데.

해설 주절에 조건 조동사가 있으므로, 조건 접속사가 필요함 u.119쪽 참조

어휘 pay 지불하다 within 이내에 a special discount 특별 할인

33

정답 : (B)

_____ she doesn't come,// what shall we do?

(A) Seeing
(B) Supposing
(C) Considering
(D) Imagining

만일 그녀가 오지 않는다면,/ 우리는 무엇을 할까?

해설 주절에 조건 조동사가 있으므로, 조건 접속사가 필요함 u.119쪽 참조

어휘 supposing=suppose=providing=provided=assuming=on condition that=in the event that=if ~한다면
consider=contemplate=allow for=make allowances for=take account of=take ~into account(consideration) 고려하다

34

정답 : (D)

_____ the train leaves on time,// we should reach France by morning.

(A) Supposed that
(B) When
(C) Unless
(D) Provided that

열차가 정시에 출발하면,// 우리는 틀림없이 아침까지 프랑스에 도착할 거야.

해설 제1 조건문이며 If의 동의어이므로 u.119쪽 참조

어휘 leave-left-left 떠나다 on time 정시에, 정각에 should 틀림없이 ~할 것이다(u.228) reach=arrive in=get to 도착하다
by morning 아침까지, 아침 무렵 unless ~하지 않으면 provided(providing) that=suppose(supposing) that ~한다면

35

정답 : (D)

_____ the policy holders pay the premiums in time,// the insurance company will cover all the damage.

(A) While
(B) Before
(C) Supposed that
(D) Providing that

보험 계약자가 보험료를 제때에 납부하면,// 보험 회사가 모든 손해를 보상할 것입니다.

해설 제1 조건문으로 조건 접속사가 필요하므로 u.119쪽 참조

어휘 policy holder 보험 계약자 premium 보험료 in time 제때에 insurance company 보험 회사
cover 보상하다, 손실을 메우다 damage 손실, 손해, 피해 damages 피해보상금

36

정답 : (D)

Children will only be admitted into the venue// _____ accompanied by an adult.

(A) unless
(B) now that
(C) since
(D) if

아이들은 공연장에 들어갈 수 있다/ 오직 성인이 동반했을 때만.

해설 only... if=only if ~할 때만 u.119쪽 참조

어휘 admit 입장을 허락하다, 인정(시인)하다 venue 공연장 accompany ~와 함께 가다, 동반하다 adult 성인, 어른

30 유니크 쏙쏙 G-TELP 511제

37

정답 : (B)

The new system is better//_____ it provides faster access to the Internet.

새로운 시스템이 더 좋다.// 그것이 인터넷에 더 빠른 접속을 제공해주기 때문에.

(A) in which   (B) in that

(C) in what   (D) provided that

해설 주절에 대한 이유를 나타내므로 u.117쪽 참조

어휘 provide 제공하다 faster 더 빠른 access 접속 in that=now that=seeing that=inasmuch as ~하기 때문에
provided that=providing that=supposing that=suppose that ~한다면

38

정답 : (C)

_____ the popularity of the exposition,// interested attendees should register for it as soon as possible.

박람회의 인기를 감안할 때// 관심 있는 참석자는 가능한 한 빨리 등록해야합니다.

(A) Give   (B) Giving

(C) Given   (D) Given that

해설 given=considering ~을 고려해볼 때, ~을 감안할 때 u.119쪽 참조

어휘 popularity 인기 exposition 박람회 interested attendee 관심 있는 참석자 register 등록하다
as soon as possible 가능한 한 빨리

39

정답 : (B)

I recognized her at once// _____ I hadn't seen her for a long time.

나는 그녀를 즉시 알아보았다.// 오랫동안 그녀를 보지 못했지만.

(A) despite   (B) notwithstanding

(C) since   (D) provided that

해설 주절의 내용으로 보아 양보절(~이지만)이 필요하므로 u.120쪽 참조

어휘 recognize 알아보다 at once 즉시 provided that=proving that=supposing that=suppose that ~한다면
despite=in spite(despite, defiance) of=with all=for all ~에도 불구하고 notwithstanding=though=although ~이지만

40

정답 : (D)

_____ Eric and Charlie have different tastes,// they are great friends.

Eric와 Charlie는 서로 다른 취향을 가지고 있지만,// 좋은 친구입니다.

(A) As   (B) When

(C) Despite   (D) Although

해설 주절의 내용으로 보아 양보절(~이지만)이 필요하므로 u.120쪽 참조

어휘 different 다른 taste 취향 as ~할 때, ~때문에 notwithstanding=though=although ~이지만
despite=in spite(despite, defiance) of=with all=for all=after=notwithstanding ~에도 불구하고

41

정답 : (D)

_____ their plane was delayed,// they made it to the conference on time.

(A) After
(B) Because
(C) As
(D) Although

그들의 비행기가 연착되었지만,// 그들은 제 시간에 회의에 참석했습니다.

해설 주절의 내용으로 보아 양보절(~이지만)이 필요하므로 u.120쪽 참조

어휘 delay=defer=suspend 지연시키다 make it 도착하다 conference 회의 on time 정각에
after ~한 후에 because ~하기 때문에 as ~할 때 although=though=even though=notwithstanding ~이지만

42

정답 : (B)

_____,/ the two companies did not have any advantages/ over their competitors.

(A) Though merging
(B) Though merged
(C) Since merging
(D) Since merged

합병되었지만/ 두 회사는 어떤 이점도 없었다/ 경쟁사에 비해.

해설 주절에서 이점이 없다고 나와 있으므로 양보부사절이 필요함 u.134쪽 참조

어휘 company 회사 advantage 이점 competitor 경쟁사 merge 합병하다, 합병시키다

43

정답 : (D)

_____ having recruited additional supervisors,/ they couldn't prevent the quality from worsening.

(A) Though
(B) Although
(C) Even though
(D) In spite of

관리자들을 더 모집했지만,/ 그들은 품질이 악화되는 것을 막을 수 없었다.

해설 뒤에 동명사가 왔으므로 전치사가 필요함 u.120/174쪽 참조

어휘 recruit 모집하다 additional=extra 추가적인 supervisor 관리자, 감독관 worsen=deteriorate=go from bad to worse 악화되다 prevent(keep, prohibit, ban, bar, debar, deter, block) A from B~ing A가 B하는 것을 막다 quality 품질, 성질, 특성

44

정답 : (A)

In the last quarter/ petrol prices fell 3 cents,/ to an average of $1.83 a litre,/ _____ rising through August and September.

(A) despite
(B) despite of
(C) though
(D) although

4/4분기에/ 휘발유 가격이 3센트 하락하여/ 리터당 평균 1.83 달러가 되었다.// 8월과 9월 내내 상승했지만.

해설 뒤에 동명사가 왔으므로 전치사가 필요함 u.120쪽 참조

어휘 In the last quarter 4/4 분기에 petrol price 휘발유 가격 fall-fell-fallen 하락하다 average 평균 rise-rose-risen 오르다 through 내내 August 8월 September 9월 despite=in spite(despite, defiance) of=with all=for all ~에도 불구하고 though=although=even though=notwithstanding=granting(granted) that ~이지만

45

_____ many years of stay in America,// she still finds it difficult to get accustomed to various American cultures.

(A) Even though　　　　(B) Although
(C) Despite　　　　　　(D) Despite of

> 미국에서 수년간 머물렀음에도 불구하고,// 그녀는 여전히 다양한 미국 문화에 익숙해지기가 어렵다고 생각한다.

해설 명사 앞에는 전치사가 필요하므로 u.120/223쪽 참조

어휘 still 여전히 find 생각하다, 발견하다 get accustomed to=get used to ～에 익숙해지다 various=a variety of 다양한 culture 문화 even though=although=though ～이지만 despite=in spite(despite, defiance) of ～에도 불구하고

46

_____ traffic accidents happen quite often on this crosswalk,// city authorities still have no plan to install traffic signals.

(A) Seeing that　　　　(B) Though
(C) Before　　　　　　(D) Whereas

> 교통사고가 이 횡단보도에서 자주 발생하지만// 시 당국은 여전히 교통 신호등을 설치할 계획이 없다

해설 주절의 내용으로 보아 양보절(～이지만)이 필요하므로 u.120쪽 참조

어휘 traffic accident 교통사고 happen=occur=accrue=arise=take place=break out=come about 발생하다 quite often=frequently 자주 crosswalk 횡단보도 authority 당국 still 여전히 plan 계획 install=set up 설치하다 traffic signal 교통 신호등 seeing that=now that=in that ～이니까 though=even though ～이지만 whereas=while 반면에

47

_____ the expensive premium,// many employees are interested in the coverage/ provided by the new insurance policy.

(A) Because　　　　　(B) Because of
(C) Though　　　　　(D) Despite

> 비싼 보험료에도 불구하고,// 많은 직원들은 보장 범위에 관심이 있다./ 새로운 보험 증권이 제공하는 (보장 범위에)

해설 명사구가 왔으며, 주절의 내용으로 보아 양보(～이지만)의 의미가 와야 하므로 u.120쪽 참조

어휘 expensive 비싼 premium 보험료, 할증금 employee 직원 be interested in ～에 관심이 있다 coverage 보장(혜택) 범위 provide 제공하다 insurance policy 보험 증권, 보험 증서 because+주어+동사 ～때문에 because of+명사(구) ～때문에 though+주어+동사 ～이지만 despite+명사(구) ～에도 불구하고

48

It is quite likely _____ we will be late for the conference/ owing to the traffic jam.

(A) if　　　　　　　(B) what
(C) that　　　　　　(D) because

> 우리는 회의에 늦을 가능성이 높다/ 교통 체증 때문에.

해설 가주어 It의 진주어이므로 u.121쪽 참조

어휘 quite 아주, 꽤 likely 가능성 있는 late 늦은 conference 회의 traffic jam 교통체증 owing(due) to=on account of=as a result(consequence) of=in consequence of=in the wake of ～때문에(u.117)

49

정답 : (B)

_____ many businesses in the financial district were interrupted by the earthquake,// the New York Stock Exchange/ will open as usual.

(A) Despite
(B) Though
(C) Since
(D) Provided that

금융가의 많은 기업들이 지진으로 인해 중단되었지만,// 뉴욕 증권 거래소는/ 평상시대로 열릴 것입니다.

해설 주절의 내용으로 보아 양보절(~이지만)이 필요하므로 u.120쪽 참조

어휘 financial district 금융가 interrupt 중단시키다, 가로막다 earthquake 지진 Stock Exchange 증권거래소 as usual 평소처럼 despite=in spite(despite, defiance) of=with all ~에도 불구하고 though ~이지만 provided that=proving that ~한다면

50

정답 : (B)

_____ ABC Inc. stood to make a larger profit/ by selling its aging Dallas plant to rival CDF Inc.,// it decided instead to sell for less/ to the relative new-comer Telebrite,// to help cement a strategic partnership aimed at checking CDF's dominance.

(A) As
(B) Although
(C) So long as
(D) Instead of

ABC 주식회사는 더 큰 이득을 볼 수도 있었지만/ 노화되고 있는 달러스 공장을 경쟁사인 CDF 주식회사에 매각함으로써,// 대신 더 적은 돈을 받고 매각하기로 결정했다/ 비교적 신생회사인 Telebrite 사에// CDF의 지배를 저지하는데 목표를 삼고 있는 전략적 제휴관계를 곤고히 하는데 돕기 위하여.

해설 주절에 instead(대신에)가 있으므로 종속절에는 양보의미가 와야 함 u.120/134/151/170쪽 참조

어휘 stand to do=be likely to do ~할 가능성이 있다 make a profit 이득을 보다 larger 더 큰 aging 노화되고 있는 plant 공장 rival 경쟁사 decide 결정하다 less 더 적은 relative 상대적인, 비교상의 new-comer 신생회사 cement 곤고히(단단하게)하다 strategic 전략적인 partnership 제휴관계, 협력 aim 겨냥하다, 목표로 삼다 check 저지하다 dominance 지배, 우세, 우월 although=notwithstanding ~이지만 so long as ~한다면 instead of=in place of ~대신에

51

정답 : (D)

_____ the highway was completed,// the only practical way to brings goods into the city of Taipei/ was by rail.

(A) Then
(B) With
(C) Since
(D) Until

고속도로가 완공될 때까지는// Taipei시로 물건을 들여오는 실질적인 유일한 방법은/ 철도를 이용하는 것이다.

해설 주절이 있으므로 종속접속사가 필요하며, 문맥상으로 Until이 자연스러우므로 u.125/38쪽 참조

어휘 highway 고속도로 complete 완공(완성)하다 practical 실용적인, 실질적인 goods 물건, 상품 rail 철로, 철도 then 그때, 그러면, 그 다음에 since ~때문에, ~이후로 until ~까지

52

정답 : (A)

The first shipment/ will arrive either tomorrow _____ the day after tomorrow.

(A) or
(B) but
(C) and
(D) so

첫 번째 배송물은/ 내일이나 모레 도착할 것입니다.

해설 either A or B: A 또는 B u.쪽126 참조

어휘 shipment 배송, 발송, 선적 arrive 도착하다 tomorrow 내일 the day after tomorrow 모레

53

정답 : (A)

The report will be delivered to all the staff/ _____ on Monday or on Tuesday.

(A) either   (B) neither

(C) both   (D) yet

보고서는 모든 직원들에게 전달될 예정이다./ 월요일이나 화요일에.

해설 either A or B: A 또는 B u.126쪽 참조

어휘 deliver 배달하다, 넘겨주다, 구조하다 staff 직원 Monday 월요일 Tuesday 화요일

54

정답 : (B)

This year ABC`s affiliates/ dropped to 60 from 90/ as it _____ sold or merged some operations.

(A) both   (B) either

(C) and   (D) neither

금년에 ABC 회사의 가맹점이/ 90개에서 60개로 줄어들었다/ 일부 작업장을 매각하거나 합병함에 따라.

해설 either A or B: A 또는 B u.126/108쪽 참조

어휘 this year 금년에, 올해에 affiliate 가맹점, 계열사 drop 줄어들다, 떨어지다 sell-sold-sold 팔다 merge 합병하다 operation 작업장, 운영, 시행, 수술, 기업

55

정답 : (D)

All the examinees/ must bring/ _____ a driver's license or passport and a pencil/ to the testing center.

(A) both   (B) yet

(C) and   (D) either

모든 수험생들은/ 지참해야 한다/ 운전 면허증이나 여권, 그리고 연필을/ 고사장에.

해설 either A or B: A 또는 B u.126쪽 참조

어휘 examinee 수험생 must=have to ~해야 한다 bring 지참하다 either A or B A아니면 B driver's license 면허증 passport 여권 testing center 고사장 both 둘 다 yet 그러나

56

정답 : (D)

To prevent electricity outages in areas where service is not readily available,// use major appliances before noon _____ after 5 pm.

(A) either   (B) and

(C) nor   (D) or

서비스를 쉽게 받을 수 없는 지역에서 정전을 예방하려면,// 주요 가전제품을 정오 이전이나 오후 5시 이후에 사용하십시오.

해설 A or B: A아니면 B u.126/189쪽 참조

어휘 prevent 예방하다 electricity outage 정전 area 지역 readily 쉽게 available 이용 가능한, 구할 수 있는 major appliances 주요 가전제품 before noon 정오 전, 오전 pm=post meridiem 오후 ↔ am=ante meridiem 오전

57

정답 : (B)

The training staff was instructed/ neither to give handouts before the sessions/ _____ to distribute the manuals until the seminar had ended.

(A) or
(B) nor
(C) and
(D) yet

연수 직원은 지시를 받았다/ 회의 전에 유인물을 제공하지도 말고/ 세미나가 다 끝날 때까지 설명서를 배포하지 말라고.

해설 neither A nor B: A도 B도 아니다 u.126쪽 참조

어휘 training staff 연수 직원, 지도 강사 instruct 지시하다 handout 유인물 session 회의 distribute 배포하다 manual 설명서 seminar 세미나, 연구 집회 end=come to an end 끝나다

58

정답 : (B)

The president spoke/ with both kindness _____ understanding.

(A) but
(B) and
(C) or
(D) that

사장은 말했다/ 친절과 이해심을 가지고.

해설 both A and B: A와 B 둘 다 u.128쪽 참조

어휘 president 사장, 회장, 의장, 대통령 speak-spoke-spoken 말하다 kindness 친절함 understanding 이해심

59

정답 : (B)

We are seeking applicants/ whose ideas regarding design and layout/ are both _____ and creative.

(A) origin
(B) original
(C) originally
(D) originality

우리는 지원자를 찾고 있습니다/ 설계와 배치에 관한 아이디어가/ 독창적이고 창의적인 (지원자를).

해설 both A and B에서 A와 B가 병렬구조를 이루므로 u.128/83/321/179쪽 참조

어휘 seek-sought-sought 찾다 applicant 지원자, 신청자 layout 배치, 기획, 설계 both A and B A와 B 둘 다
regarding=respecting=concerning=as regards(respects, concerns) ~에 관하여
creative 창의적인 origin 기원 original 독창적인 originally 원래 originality 독창성

60

정답 : (C)

The new interior design of the office/ has both increased employee productivity/ _____ drawn many positive remarks from the clientele.

(A) but
(B) or
(C) and
(D) yet

사무실의 새로운 실내 디자인은/ 직원 생산성을 높이고/ 고객으로부터 많은 긍정적인 평을 이끌어 냈습니다.

해설 both A and B: A와 B 둘 다 u.128쪽 참조

어휘 interior 실내의 ↔ exterior 실외의 office 사무실 increase 증가시키다 ↔ decrease 감소시키다
employee productivity 직원 생산성 draw-drew-drawn 끌어내다 positive 긍정적인 remark 논평, 말 clientele 고객, 단골

61

In order to keep an amicable relationship for a long time,// a satisfactory agreement must be both reached _____ signed.

(A) but

(B) or

(C) yet

(D) and

오랫동안 우호적인 관계를 유지하려면// 만족스러운 합의가 이루어져야하고 서명되어야합니다.

해설 both A and B: A와 B 둘 다 u.128쪽 참조

어휘 in order to=so as to ~하기 위하여 keep an amicable relationship 우호적인 관계를 유지하다
for a long time 오랫동안 satisfactory 만족스런 agreement 합의 reach 도달하다 sign 서명하다

62

Better product advertising/ is needed// that not only grabs viewers' attention _____ stimulates consumers' desire to spend money.

(A) or

(B) but

(C) and

(D) so

보다 나은 제품 광고가/ 필요하다// 시청자의 관심을 사로잡을 뿐만 아니라/ 돈을 쓰고 싶은 소비자의 욕구를 자극하는 (광고가).

해설 앞에 not only가 왔으므로: not only A but also B: A뿐만 아니라 B도 u.128쪽 참조

어휘 product advertising 제품 광고 grab 붙잡다 viewer 시청자 attention 관심 stimulate 자극하다 consumer 소비자 desire 욕구

63

Candidates will be considered/ on the basis of their prior experience _____ on their level of dedication and loyalty.

(A) in addition

(B) as well as

(C) because of

(D) despite

지원자는 고려되는 경향이 있다/ 헌신과 충성도뿐만 아니라 이전의 경험을 기초로 하여.

해설 B as well as A: A뿐만 아니라 B도 u.128쪽 참조

어휘 candidate 지원자, 응모자, 후보다 consider=allow for=make allowances for=take account of 고려(참작)하다
on the basis of=based on ~에 기초하다 prior experience 이전의 경험 level 수준, 정도, 높이 dedication 헌신
loyalty 충성 in addition 게다가 despite=in spite(despite, defiance) of=with all=for all
=notwithstanding=after ~에도 불구하고

64

If you placed an order, _____ have not received your package,// please wait a week from the day it was shipped/ before making an inquiry.

(A) and

(B) but

(C) or

(D) though

주문을 했지만 아직 소포를 받지 못했다면,// 발송된 날로부터 1주일을 기다려주세요./문의하시기 전에.

해설 문맥상 '그러나'가 들어가야 하므로 u.131쪽 참조

어휘 place an order 주문하다 receive 받다 package 소포 ship 발송(배송, 선적)하다 make an inquiry 문의(조회)하다

65

정답 : (B)

All the workers/ were warned about wearing masks in the laboratory,// _____ half of them/ ignored the advisory and got sick.

(A) and

(B) yet

(C) so

(D) for

모든 근로자들은/ 실험실에서 마스크를 쓰라는 주의를 받았다.// 그러나 그 중 절반은/ 그 권고를 무시하여 아프게 되었다.

해설 문맥상 '그러나'가 들어가야 하므로 u.131쪽 참조

어휘 worker 근로자 warn 경고(통고)하다, 알리다, 주의를 주다 wear-wore-worn 착용하다 laboratory 실험실 ignore=neglect=disregard=slight=overlook=look(pass) over 무시하다 advisory 권고 get(become) sick 아프게 되다

66

정답 : (C)

The chief executive officer/ is yet to decide/ whether to assign an individual _____ an entire team/ to evaluate last week's event.

(A) but

(B) yet

(C) or

(D) nor

CEO(최고 경영자)는/ 아직 결정하지 않았다/ 개인을 지명할 것인지 팀 전체를 지명할 것인지를/ 지난 주 행사를 평가하도록.

해설 whether A or B: A할 것인지 B를 할 것인지 u131/188/59쪽 참조

어휘 hief executive officer 최고 경영자 be yet to 아직 ~하지 않았다 decide 결정하다 entire 전체의, 전체적인 assign 지명(배정, 할당)하다 individual 개인 evaluate=estimate=assess=appraise=gauge=rate 평가하다 event 행사

67

정답 : (D)

No refund is made for unused travel services or any portion thereof,// _____ is the price or value of unused travel services exchangeable for alternative arrangements.

(A) either

(B) neither

(C) or

(D) nor

사용하지 않은 여행 서비스나 그것의 일부에 대해서 환불되지 않으며,// 또한 사용하지 않은 여행 서비스의 가격이나 가치도 대체 계약으로 교환할 수 없습니다.

해설 앞 절이 부정문이며 '~도 역시 아니다'가 들어가야 가장 논리적이므로 u.131쪽 참조

어휘 refund 환불 unused 사용하지 않은 portion 일부 thereof 그것의, 그것에 관하여 price 가격 value 가치, 가격 exchangeable 교환할 수 있는 alternative 대체의, 다른 arrangement 계약, 조정, 합의, 배열

68

정답 : (B)

Her self-confidence, view of values, _____ sense of responsibility/ enabled her to achieve success.

(A) also

(B) and

(C) but

(D) or

그녀의 자신감과 가치관과 책임감은/ 그녀를 성공할 수 있게 해주었다.(자신감과 가치관과 책임감 덕택에 그녀는 성공할 수 있었다.)

해설 나열하는 등위접속사가 필요 하므로 u.131/537/543쪽 참조

어휘 self-confidence 자신감 view of values 가치관 sense of responsibility 책임감 enable 가능케 하다 achieve=accomplish=attain=fulfill 성취하다 success 성공

■ 분사가 능동(~ing)인가 수동(pp)인기를 구별하는 문제가 거의 전부입니다.

② 분사의 주체가 동작을 하는가 받는가를 보고 판단하세요.

③ 유니크 쏙쏙 영문법 134, 135, 140, 141, 147, 150, 151, 152쪽에서 거의 모든 문제가 나옵니다.

01
정답 : (B)

The movie was considered extremely _____.

(A) bores   (B) boring

(C) bored   (D) boringly

> 그 영화는 무척 지루하다고 생각되었다.

해설 영화가 지루함을 주므로 능동(ing) u.79/134쪽 참조

어휘 consider=reckon=esteem 간주하다, 생각하다 extremely 지극히, 극도로 bore 지루하게 하다 boring 지루한

02
정답 : (B)

You can ask for an _____ report if you need one.

(A) updating   (B) updated

(C) to updating   (D) to be updated

> 당신은 새롭게 만들어진 보고서를 요청할 수 있습니다/ 보고서가 하나 필요할 경우.

해설 보고서가 새롭게 만들어지므로 수동(p.p) u.134쪽 참조

어휘 ask for 요청하다 report 보고서 need 필요로 하다 update 새롭게 만들다, 최신 정보를 넣다

03
정답 : (C)

We are _____// that the new project of the company will succeed.

(A) convincing   (B) convinces

(C) convinced   (D) convincement

> 우리는 확신한다// 그 회사의 새로운 프로젝트가 성공할 것이라고.

해설 주어가 확신시키는 것이 아니고 확신을 받으므로 수동(p.p) u.134쪽 참조

어휘 convince 확신시키다 be convinced 확신하다 conviction 확신, 신념 company 회사, 중대
     succeed=make good 성공하다

04
정답 : (B)

The doctor felt _____/ that it was the best remedy for the patient.

(A) convincing   (B) convinced

(C) convinces   (D) convincement

> 그 의사는 확신했다/ 그것이 그 환자에게는 최선의 치료법이라고.

해설 주어가 확신시키는 것이 아니고 확신을 받으므로 수동(p.p) u.134쪽 참조

어휘 convince 확신시키다 conviction 확신, 신념 the best remedy 최선의 치료법 patient 환자

05

Construction of new dwellings _____ land/ rose 1.2 percent last year.

(A) exclude

(B) excluding

(C) excluded

(D) to exclude

| 토지를 제외한 신규 주택 건설은/ 지난해 1.2 % 증가했다. |

해설 '목적어 land가 있으므로' 능동(ing) u.134/143쪽 참조

어휘 construction 건설 dwellings 주택 land 토지 rise-rose-risen 오르다 last year 작년에 exclude=leave out 제외하다

06

Mr. Ch'oe sometimes feels _____ // because his English isn't very good.

(A) disappointed

(B) to be disappointed

(C) disappoint

(D) disappointing

| Mr. Ch'oe는 가끔 실망감을 느낀다// 자신의 영어 실력이 좋지 않아. |

해설 주어가 '실망을 받으므로' 수동(p.p) u.134쪽 참조

어휘 sometimes=at times(whiles, intervals)=from time to time=once in a while 가끔 disappoint 실망시키다, 낙담시키다

07

The manager plans to get some new ideas _____ at the annual meeting.

(A) present

(B) presenting

(C) presented

(D) having presented

| 경영자는 연례 회의에서 발표되는 일부 새로운 아이디어들을 받아드릴 계획이다. |

해설 '아이디어가 발표되므로' 수동(p.p) u.134쪽 참조

어휘 manager 경영자, 관리자 plan to ~할 계획이다 annual meeting 연례회의 present 발표하다

08

The security check became _____/ with the introduction of the new law.

(A) strong

(B) strengthened

(C) strengthening

(D) to be strengthened

| 보안 검색이 강화되었다/ 새로운 법률의 도입으로 인해. |

해설 '검색이 강화되므로' 수동(p.p) u.134/491쪽 참조

어휘 security check 보안 검색 introduction 도입 law 법 strengthen 강화하다

09

정답 : (C)

Almost thirty percent of the products _____/ were found to be defective.

(A) to inspect

(B) inspecting

(C) inspected

(D) to be inspected

> 검사 된 제품의 거의 30%가/ 결함이 있는 것으로 밝혀졌다.

해설 '제품이 검사되므로' 수동(p.p) u.134쪽 참조

어휘 almost=nearly=practically=virtually=all but=next to=well-nigh 거의 product 제품 defective 경함이 있는

10

정답 : (B)

Please use the parking spaces _____ for visitors.

(A) designating

(B) designated

(C) to be designating

(D) were designated

> 방문객을 위해 지정된 주차 공간을 이용해 주십시오.

해설 주차 공간이 '지정 되므로' 수동(p.p) u.134쪽 참조

어휘 parking space 주차 공간 visitor 방문객 designate 지정하다

11

정답 : (B)

The operator felt _____ after working for 5 hours/ without a short break.

(A) tire

(B) tired

(C) tiring

(D) to be tired

> 기계 운전자는 지쳤다/ 5 시간 동안 일한 후에/ 잠깐의 휴식도 없이.

해설 운전자가 피곤해지므로 수동(p.p) u.134쪽 참조

어휘 operator 기계 운전자, 기계 조작자, 교환원 without a short break 잠깐의 휴식도 없이

12

정답 : (B)

All the employees _____ in the project/ were invited to attend the seminar.

(A) interesting

(B) interested

(C) were interested

(D) who interested

> 그 프로젝트에 관심 있는 모든 직원들은 세미나에 참석하라는 요청을 받았다

해설 동사 were가 이미 존재하므로 앞 명사를 꾸며주는 분사가 필요하며 interested in이 '~에 관심 있는' u.134쪽 참조

어휘 employee 직원 be interested in ~에 관심을 갖다 invite 요청하다, 초대하다 attend 참석하다

13

정답 : (C)

Fifty years ago,/ it was an _____ experience to travel 40 kilometers from home.

(A) excite

(B) excited

(C) exciting

(D) excitedly

50 년 전에는/ 집에서 40 킬로미터를 여행하는 것이 신나는 경험이었습니다.

해설 '신나게 만드는 경험이므로' 능동(ing) u.134/184쪽 참조

어휘 excite 신나게 하다, 흥분시키다 travel 여행하다

14

정답 : (A)

Many employees of the corporation/ said/ that the sudden pay raise/ was _____.

(A) surprising

(B) to be surprised

(C) surprised

(D) surprise

그 회사의 많은 직원들은/ 말했다/ 갑작스러운 임금 인상은/ 놀라운 일이라고.

해설 임금 인상이 '놀라움을 주므로' 능동(ing) u.134쪽 참조

어휘 employee 직원 corporation 회사 sudden 갑작스러운 pay raise 임금 인상 surprise 놀라게 하다, 놀라움을 주다, 놀라움

15

정답 : (B)

The police finally found the _____ child/ after a long search of the amusement park.

(A) miss

(B) missing

(C) missed

(D) to be missed

경찰은 마침내 실종 된 아이를 찾았다/ 오랫동안 놀이공원을 수색한 끝에.

해설 '실종된, 행방불명된'의 뜻을 가진 형용사이므로 u.134쪽 참조

어휘 the police 경찰 finally=ultimately=eventually=at last(length) 마침내 search 수색 amusement park 놀이공원

16

정답 : (C)

We have the right to request the passenger/ to present the credit card _____ upon purchasing.

(A) use

(B) using

(C) used

(D) to use

저희는 승객에게 요청할 권리가 있습니다/ 구매할 때 사용했던 신용카드를 제시해 달라고.

해설 '신용카드가 사용되므로' 수동(p.p) u.134/76쪽 참조

어휘 right 권리 request 요청하다 passenger 승객 present 제시하다 upon purchasing 구매할 때

17

정답 : (C)

The price list _____ in this advertising brochure/ has already been fixed by some credible criteria.

(A) provide

(B) providing

(C) provided

(D) is provided

이 광고용 소책자에 제공된 가격 표는/ 이미 일부 신뢰할만한 기준 에 의해 정해졌다.

해설 '가격표가 제공되므로' 수동(p.p) u.134쪽 참조

어휘 price list 가격표 advertising brochure 광고용 소책자 already 이미, 벌써 fixe 정하다, 고정하다
credible 신뢰할만한 criteria 기준(criterium의 복수형)

18

정답 : (B)

You are required to present the credit card _____ the ticket// during check-in at the airport.

(A) using to purchase

(B) used to purchase

(C) used to purchasing

(D) was used to purchase

당신은 항공권을 구입할 때 사용 한 신용 카드를 제시해야합니다.// 공항에서 탑승 수속을 할 때.

해설 'be used to + 동사원형 ~하는 데 사용되다' 인데 앞 명사를 꾸며주므로 분사만 남음 u.134/223쪽 참조

어휘 be required to ~해야 한다 present 제시하다 credit card 신용카드 check-in 탑승 수속 airport 공항 purchase 구입하다

19

정답 : (B)

Library patrons who lose _____ materials/ are held accountable for paying the cost of replacing them.

(A) borrowing

(B) borrowed

(C) to borrow

(D) to be borrowed

빌려간 자료를 잃어버린 도서관 이용자는/ 그 자료들을 대체하는 비용 지불에 대한 책임을 진다.

해설 '자료가 대출되므로' 수동(p.p) u.134쪽 참조

어휘 library 도서관 patron 고객, 이용자 materials 자료 be held accountable(responsible) for=account(answer) for 책임지다
pay 지불하다 cost 비용 replace 대체하다

20

정답 : (C)

Dr. Johnson at Michigan United Hospital/ is the world's _____ authority/ on knee replacement surgeries.

(A) led

(B) leader

(C) leading

(D) leaders

미시건 연합 병원 Johnson박사 는/ 세계의 주도적인 권위자이다/ 무릎 교체 수술에 있어서.

해설 authority를 꾸며주는 분사자리로서 '이끌고 있는 권위자이므로' 능동(ing) u.134쪽 참조

어휘 leading 주도적인 leader 지도자 authority 권위/권위자 knee replacement surgery 무릎교체수술

21

정답 : (B)

The political situation of the region/ was so _____// that most foreign firms started to shut down their branches.

(A) discouraged (B) discouraging
(C) encouraged (D) encouraging

이 지역의 정치 상황은/ 너무 비관적이어서// 대부분의 외국기업들은 그들의 지점을 폐쇄하기 시작했습니다.

해설 '주어가 낙담을 주므로' 능동(ing) u.134/207쪽 참조

어휘 political situation 정치적 상황, 정세 region 지역 most 대부분의 foreign firm 외국기업 shut down 폐쇄하다 branch 지사 discourage 낙담시키다 discouraging 낙담을 주는, 비관적인 encourage 용기를 주다

22

정답 : (B)

The employees objected to complying with the new safety regulations,// saying/ that they are too _____ to adopt.

(A) frustrate (B) frustrating
(C) frustrated (D) frustration

직원들은 새로운 안전 규정을 준수하기를 거부했다.// 그리고 말했다/ 그 규정은 채택하기에 너무 불만족스럽다고.

해설 '안전 규정이 실망감을 주므로' 능동(ing) u.134쪽 참조

어휘 employee 직원 object to~ing ~을 반대하다(u.175 참조) comply with=conform to=abide by=obey 지키다, 준수하다 safety regulation 규정, 수칙 frustrate 좌절시키다, 실망감을 주다 adopt 채택하다

23

정답 : (B)

Job applicants should be reminded// that false information ____ in the interview/ may result in automatic dismissal.

(A) give (B) given
(C) giving (D) was given

구직자들은 알아야 한다// 면접시험에서 제공되는 허위 정보는/ 자동해고를 가져올 수 있다는 것을.

해설 '정보가 제공되므로' 수동(p.p) u.134/335쪽 참조

어휘 job applicant 구직자, 취업 지원자 remind 상기시키다, 일깨워주다, 알리다 false information 거짓 정보 interview 면접시험 result(end) in=conduce(lead) to=bring on(about, forth) 가져오다, 초래하다 dismissal 해고

24

정답 : (B)

With the soaring costs of producing meat and feedstuffs for cattle,// the animal-plant hybrids may well have a _____ future.

(A) promise (B) promising
(C) promised (D) promises

고기와 가축을 위한 사료를 생산하는 데 드는 비용이 급증함에 따라// 동식물 교배종이 장래가 촉망되는 것은 당연하다.

해설 '유망한, 전도양양한'의 뜻을 가진 분사형 형용사 u.134/141쪽 참조

어휘 soar 치솟다 cost 비용 produce 생산하다 meat 고기 feedstuff 사료 cattle 가축 hybrid 교배종, 잡종 may well ~하는 것은 당연하다 promising 전도유망한 future 미래

The New York Times revealed an _____ result of the survey// that most Americans were in favor of wars against Afghanistan

(A) expecting (B) expectant
(C) unexpecting (D) unexpected

뉴욕 타임스는 예상치 못한 조사 결과를 발표했다//대부분의 미국인들이 아프가니스탄과의 전쟁에 찬성한다는 [결과를]

해설 '결과가 예상되므로' 수동(p.p) u.134쪽 참조

어휘 reveal=disclose=divulge=expose 밝히다, 누설하다 result 결과 survey 조사 be in favor of=stand by =stand up for 찬성하다 expect 기대하다 expectant 기대하고 있는, 기다리고 있는 unexpected 예상치 못한, 예기치 못한

People who are _____ in finding out more about the products/ are encouraged to contact the consumer service department.

(A) interest (B) interested
(C) to interest (D) interesting

제품에 대해 더 많은 정보를 얻는 데 관심 있는 사람들은/ 고객 서비스 부서에 연락하는 것이 좋습니다.

해설 be interested in ~에 관심을 갖다 u.134/488/76/67쪽 참조

어휘 find out 알아내다, 발견하다 product 제품 encourage 권하다, 장려하다 contact 연락하다 consumer service department 고객 서비스 부서

To thank the clients who participated in the marketing study,// the company sent out e-mails with _____ vouchers worth a total of $100.

(A) attaching (B) attached
(C) to be attached (D) having attached

마케팅 연구에 참여한 고객에게 감사를 표하기 위하여,// 그 회사는 총 100 달러어치 상품권이 첨부된 전자 메일을 보냈다.

해설 상품권이 첨부되므로 수동(p.p) u.134쪽 참조

어휘 thank 감사하다 client 고객 participate in=take part in 참여하다 study 연구 company 회사 send-sent-sent 보내다 attach 첨부하다 voucher 상품권, 숙박권 worth 값어치가 있는 a total of $100 총 100 달러

The chief executive officer ceased production of CD players/ and invested more capital/ in producing the products that are financially _____.

(A) promise (B) promising
(C) promised (D) promises

그 최고경영자는 CD 플레이어 생산을 중단하고/ 더 많은 자본을 투자했다/ 재정적으로 유망한 제품을 생산하는 데에.

해설 '유망한, 전도양양한'의 뜻을 가진 분사형 형용사 u.134쪽 참조

어휘 chief executive officer 최고경영자 cease 중단하다 production 생산 invest 투자하다 capital 자본 produce 생산하다 product 제품 financially 재정적으로 promising 전도유망한

29

정답 : (C)

Island Heat Smoothie Hut/ is one of New Zealand's most popular smoothie stores// _____ various blends of fruits and diverse kinds of fresh-baked bread.

(A) sell

(B) sold

(C) selling

(D) to sell

Island Heat Smoothie Hut은/ 뉴질랜드에서 가장 인기 있는 스무디 가게 중 하나이다/ 다양한 과일 블랜드(섞은 과일)와 다양한 종류의 갓 구운 빵들을 판매하는.

해설 '과일과 빵을 판매하므로' 능동(ing) u.134쪽 참조

어휘 smoothie 바나나 등의 과일을 믹서로 우유나 얼음에 섞은 걸죽한 음료 various=diverse=a variety(diversity) of 다양한 blend 혼합물, 섞은 음료 fresh-baked 갓 구운, 방금 구운

30

정답 : (C)

The Franchisee shall keep the equipment/ in the same condition as when _____// and shall make all necessary repairs/ in order to maintain such condition.

(A) deliver

(B) delivering

(C) delivered

(D) delivery

가맹점은 그 장비를 유지해야 한다/ 배달되었을 때와 동일한 상태로,// 그리고 필요한 모든 수리를 해야 한다/ 그런 상태를 유지 하기 위해.

해설 장비가 배달되므로 수동(p.p) u.134/478/88쪽 참조

어휘 Franchisee 가맹점 equipment 장비 make repairs 수리하다 necessary 필요한 in order to ~하기 위하여 maintain 유지하다 deliver 배달하다 delivery 배달

31

정답 : (B)

Companies looking for _____ and competent staff/ may find it difficult to do so,// especially when economic expansion leaves only the less qualified job seekers.

(A) experience

(B) experienced

(C) experiences

(D) experiencing

경험 많고 유능한 직원을 찾고 있는 회사들은/ 그렇게 하기(직원 구하기)가 어렵다는 것을 알게 될 것이다.// 특히 경제신장이 자격을 덜 갖춘 구직자들만 남겨둘 때.

해설 staff라는 명사를 꾸며주는 분사형 형용사로서 '경험 많은'의 뜻이므로 u.134쪽 참조

어휘 company 회사 look(seek, search) for=try to find 찾다 competent 유능한 staff 직원 find 발견하다 difficult 어려운 especially 특히 economic expansion 경제신장, 경제적 팽창 leave 남기다 qualified 자격을 갖춘 job seeker 구직자

32

정답 : (B)

A _____ public accountant (CPA)/ is an accounting professional// who has been certified by a state examining board/ as having met the state's legal requirements.

(A) certify

(B) certified

(C) certifiable

(D) certification

공인회계사는/ 회계 전문가이다// 그는 국가고시 위원회에 의해 국가의 법적 요건을 충족시켰다고 공인(확인)된 전문가이다.

해설 명사를 꾸며주는 형용사나 분사자리로서 '공인된'이 들어가야 하므로 수동(p.p) u.134/478쪽 참조

어휘 certified public accountant 공인 회계사 professional 전문가 state examining board 국가고시 위원회 meet 충족시키다 state 국가, 주 legal requirement 법적 요건 certify 공인(감정, 확인)하다 certifiable 공인(감정, 확인)할 수 있는

33

정답 : (C)

_____ with similar equipment,/ this one provides better quality at a reduced price.

(A) Compare (B) Comparing
(C) Compared (D) To compare

비슷한 장비와 비교해볼 때,/ 이 장비는 더 좋은 품질을 제공한다/ 할인된 가격으로.

해설 '장비가 비교되므로' 수동(과거분사 절) u.140쪽 참조

어휘 compare 비교하다 similar 비슷한 equipment 장비 provide 제공하다 quality 품질 at a reduced price 할인 가격에

34

정답 : (B)

The study _____,// the scientists made a conclusion/ that there was a serious hazard in the area.

(A) finishing (B) finished
(C) is finished (D) was finished

연구가 끝나자,// 과학자들은 결론을 내렸다/ 그 지역에 심각한 위험이 있다고

해설 '연구가 마무리 되므로' 수동(p.p) u.140/141/335쪽 참조

어휘 study 연구 scientist 과학자 make a conclusion 결론을 내리다 serious=grave 심각한 hazard=danger=jeopardy=peril=risk 위험 area 지역 finish 끝마치다, 끝나다

35

정답 : (C)

_____ some six metres above the motorway,// the sports fields are enclosed/ by one of the largest canvases in Europe.

(A) Locate (B) Locating
(C) Located (D) To be located

차로에서 약 6미터 정도 상부에 위치한// 그 운동장은 둘러싸여 있다/ 유럽에서 가장 큰 캔버스 중 하나로.

해설 운동장이 '위치가 정해지므로' 수동태로서 과거분사 절이 되어야 함 u.140/478쪽 참조

어휘 some=about=around=approximately 대략 motorway 차로, 고속도로 sports fields 운동장 enclose 에워싸다 canvas 덮개 locate 위치를 정하다, 위치를 찾다 be located in ~에 위치하고 있다

36

정답 : (B)

_____ by the product demonstration last week,// the operations manager has decided to order several of the appliances.

(A) Impressing (B) Impressed
(C) Impressive (D) Impression

지난주의 제품 시연에 감명을 받은// 운영 관리자(업무 팀장)는 그 제품 중 몇 개를 주문하기로 결정했다.

해설 '운영 관리자가 감명을 받으므로' 수동(p.p) u.140/162쪽 참조

어휘 product demonstration 제품 시연 last week 지난주 operations manager 운영 관리자, 업무 팀장 decide 결정하다 order 주문하다 several 몇 개 appliances 제품, 장치

37

정답 : (C)

In spite of its vast assortment of attractive new features,// Belta's latest smartphone/ is reasonably priced// _____ to similar items produced by competitors.

(A) compare
(B) comparing
(C) compared
(D) to be compared

매력적인 새로운 기능이 다양하게 갖추어져 있음에도 불구하고,// Belta의 최신 스마트 폰은/ 합리적으로 가격이 책정되어 있다// 경쟁업체가 생산한 유사한 제품들과 비교해볼 때.

해설 '주어가 비교되므로' 수동(p.p) u.140/120쪽 참조

어휘 vast=huge=immense=enormous=tremendous 엄청난, 방대한 assortment 분류, 구색 feature 특징, 기능
latest 최근(최신)의 attractive=charming==fascinating 매력적인 compared to ~에 비해서
reasonably 합리적으로, 적당하게 competitor 경쟁사, 경쟁자

38

정답 : (C)

_____ its production rates at an all-time low,// the CEO of the company/ decided to employ a few new factory managers.

(A) At
(B) By
(C) With
(D) For

생산율이 사상 최저치를 유지하자,// 그 회사의 CEO는/ 몇몇 새로운 공장 관리자들을 고용하기로 결정했다.

해설 부대상황을 나타내는 전치사이므로 u.141쪽 참조

어휘 production rate 생산율 an all-time low 사상 최저치 CEO=chief executive officer 최고 경영자 company 회사
decide=make up one's mind 결심하다 employ=hire 고용(채용)하다 a few=some 몇몇 factory manager 공장 관리자

39

정답 : (B)

With ski season fast _____,// investors are wondering// whether the ski lodge will be completed/ by the first snow fall.

(A) to approach
(B) approaching
(C) approached
(D) having approached

스키시즌이 빠르게 다가옴에 따라,// 투자자들은 궁금해 하고 있다// 과연 스키어 편의시설이 완성될지/ 첫눈이 내릴 때까지.

해설 with+목적어+현재분사: 스키시즌이 자연스럽게 다가오므로 자동사 u.141/365쪽 참조

어휘 investor 투자자 wonder+의문사절 ~할까 궁금해 하다 ski lodge 스키어 편의 시설 complete 완성하다
by+시간 ~까지 approach 다가오다 investor 투자자

40

정답 : (D)

The general manager will go on a vacation/ after _____ the project.

(A) complete
(B) completed
(C) completion
(D) completing

총지배인은 휴가를 떠날 예정이다/ 그 프로젝트를 마친 후에.

해설 주어가 없으면서 목적어가 있으므로 동명사 u.147쪽 참조

어휘 general manager 총지배인, 총괄관리자 go on a vacation 휴가를 떠나다 complete 완성하다, 마치다

41

After carefully _____ his reports,// the managing editor decided to have only two of them published.

(A) review
(B) reviewing
(C) reviewed
(D) to review

그의 보고서를 신중히 재검토 한 후,// 편집장은 그 중 두 개만 출판하기로 결정했습니다.

해설 주어가 없으면서 목적어가 있으므로 동명사 u.147/360/150쪽 참조

어휘 carefully=with care 신중히 report 보고서 managing editor 편집장 decide=make up one's mind 결심하다
publish 출판하다 review=examine formally 재검토하다

42

정답 : (C)

The national security adviser/ has urged/ the President/ not to sign the peace treaty// before _____ reviewing the details.

(A) through
(B) thorough
(C) thoroughly
(D) roughly

국가 안보 보좌관은/ 촉구했다/ 대통령에게/ 평화 조약에 서명하지 말 것을/ 세부 사항을 철저히 재검토하기 전에.

해설 before he thoroughly reviews the details를 구로 만든 형태 u.147쪽 참조

어휘 national security adviser 국가 안보 보좌관 urge 촉구하다 President 대통령 peace treaty 평화조약 review 재검토하다
details 세부사항 through 통과하여 thorough 철저한 thoroughly=downright=in depth 철저히 roughly 대충

43

정답 : (A)

All the accountants/ were instructed to submit their quarterly reports/ before _____ with the president.

(A) meeting
(B) to meet
(C) interviewer
(D) interview

모든 회계사들은/ 분기 보고서를 제출하도록 지시 받았다/ 사장과 면담하기 전에.

해설 전치사 다음에는 동명사가 오므로 u.147/360쪽 참조

어휘 accountant 회계사 instruct 지시하다 submit=give(turn, send, hand) in 제출하다 quarterly report 분기 보고서
meet with 면담하다. 공식적으로 만자다 president 사장, 대통령, 총장

44

정답 : (C)

I had a new suit _____ last month.

(A) make
(B) to make
(C) made
(D) to be made

나는 지난달 새 양복을 맞췄다

해설 '양복이 만들어지므로' 수동(p.p) u.150쪽 참조

어휘 suit 양복, 어울리다, 적합하다 last month 지난 달

Chapter 4 분사 **49**

45

정답 : (C)

I had my car _____ by the mechanic.

(A) repair　　　　　　　(B) repairing
(C) repaired　　　　　　(D) to be repaired

나는 내 차를 정비사에게 수리해 달라고 부탁했다.

해설 '차가 수리되므로' 수동(p.p) u.150쪽 참조

어휘 have 부탁하다, 하게하다, 시키다 repair=mend=fix=do up 고치다 mechanic 정비사

46

정답 : (C)

He had his house _____ by his cousin.

(A) paint　　　　　　　(B) painting
(C) painted　　　　　　(D) to be painted

그는 자신의 집을 그의 사촌에게 칠해달라고 부탁했다.

해설 '집이 페인트칠되므로' 수동(p.p) u.150쪽 참조

어휘 paint 페인트칠을 하다 cousin 사촌

47

정답 : (C)

She had little money _____ in her purse.

(A) leave　　　　　　　(B) leaving
(C) left　　　　　　　　(D) to be left

그녀의 지갑에는 돈이 별로 남지 않았다.

해설 '돈이 남겨지므로' 수동(p.p) u.150쪽 참조

어휘 little 거의 없는, 별로 없는 leave-left-left 남겨두다, 떠나다

48

정답 : (A)

I had my hair _____ at a beauty salon yesterday.

(A) cut　　　　　　　　(B) cutted
(C) cutting　　　　　　(D) to be cut

나는 어제 미용실에서 이발했다.

해설 '머리카락이 잘려지므로' 수동(p.p) u.150쪽 참조

어휘 beauty salon 미용실

49

The directors agreed to have the old offices _____.

(A) remodel

(B) remodeling

(C) remodeled

(D) to be remodeled

이사들은 낡은 사무실을 개조하기로 합의했다.

해설 '사무실이 보수 되므로' 수동(p.p) u.150쪽 참조

어휘 director 이사, 중역, 감독 agree 합의(동의)하다 remodel 개조(보수)하다, 고치다

50

His eloquent speech/ made the audience _____ to tears.

(A) move

(B) moving

(C) moved

(D) to move

그의 유창한 연설은/ 관중들을 감동받아 눈물을 흘리게 했다.

해설 '관중들이 감동을 받으므로' 수동(p.p) u.150쪽 참조

어휘 eloquent 유창한 speech 연설 audience 관중 move 감동시키다 tears 눈물 be moved to tears 감동받아 눈물을 흘리다

51

The city has a wealth of attractions/ that make it _____.

(A) appeal

(B) appealing

(C) appealingly

(D) appealed

그 도시는 많은 명소들을 갖고 있다/ 그 도시를 매력적으로 만드는 (명소들을).

해설 '매력적인'의 뜻을 가진 분사형 형용사 u.150쪽 참조

어휘 city 도시 a wealth of 많은, 풍요로운 attractions 명소 appeal 호소하다, 매력을 주다
appealing=attractive=alluring=bewitching=charming=captivating=enchanting=enticing=fascinating 매력적인

52

It is reported that they had the equipment _____ yesterday.

(A) shipped

(B) was shipped

(C) ship

(D) was being shipped

그들이 장비를 어제 선적한 것으로 보고됩니다.

해설 '장비가 선적되므로' 수동(p.p) u.150쪽 참조

어휘 report 보고하다 equipment 장비 ship 선적(수송)하다

53

정답 : (B)

Why don't we have the computer _____ / since it is broken?

(A) repairing   (B) repaired

(C) to repair   (D) to be repaired

컴퓨터가 고장 났으니 수리하는 게 어때요?

해설 '컴퓨터가 수리 되므로' 수동(p.p) u.150/178쪽 참조

어휘 Why don't we…? ~하는 게 어때? repair=mend=fix=do up 고치다 be broken 고장 나다

54

정답 : (A)

The board of directors/ had the president _____ to the plan.

(A) agree   (B) to agree

(C) agreed   (D) be agreed

이사회는/ 사장에게 그 계획에 동의하도록 했다.

해설 '사장이 동의하므로' have+목적어+원형 u.150쪽 참조

어휘 board of director 이사회 president 사장, 회장, 대통령 agree(assent, consent) to 동의하다 plan 계획

55

정답 : (C)

Yesterday I had one of my molar teeth _____ at the dentist's.

(A) pull out   (B) pulling out

(C) pulled out   (D) to be pulled out

어제 나는 어금니 중 하나를 치과에서 뺐다.

해설 '이빨이 빼지므로' 수동(p.p) u.150쪽 참조

어휘 molar tooth 어금니 dentist 치과의사 pull out 빼다

56

정답 : (C)

If you can't see well,// you had better have your eyes _____ .

(A) examine   (B) examining

(C) examined   (D) to be examined

잘 볼 수 없다면// 눈을 검사받는 것이 좋다.

해설 '눈이 검사되므로' 수동(p.p) u.150쪽 참조

어휘 had better=may as well=might as well ~하는 편이 낫다 eye 눈 examine 검사하다

57

정답 : (B)

If you want a task _____ right, you had better do it for yourself.

(A) to do   (B) done

(C) doing   (D) have done

여러분이 어떤 일이 제대로 이뤄지기를 원한다면/ 직접 그것을 하는 편이 낫다.

해설 '일이 행해지므로' 수동(p.p) u.150쪽 참조

어휘 task 일, 작업, 사업, 과업 right 올바른, 정확한, 적절한, 곧은 had better=may as well ~하는 편이 낫다
for oneself=on one's own=without others' help=independently 직접, 자력으로

58

정답 : (B)

Before I hand in my paper,// I am going to have a native speaker _____.

나는 논문을 제출하기 전에,// 원어민에게 그것을 점검해달라고 부탁할 거야.

(A) checking it over   (B) check it over

(C) being checked   (D) to checked it over

해설 '목적어가 동작 하므로' have+목적어+원형 u.150쪽 참조

어휘 hand(give, turn, send) in=submit 제출하다 native speaker 원어민 check over 점검하다

59

정답 : (A)

The extra order made/ the assembly line employees/ _____ on the weekend.

추가 주문은 만들었다/ 조립 라인 직원들이/ 주말에 일하도록.

(A) work   (B) worked

(C) to work   (D) be working

해설 '목적어가 동작을 하므로' make+목적어+원형 u.150쪽 참조

어휘 extra order 추가 주문 assembly 조립 employee 직원 on the weekend 주말에

60

정답 : (B)

During the meeting,/ the executive had the main points _____ by his secretary.

회의 도중,/ 그 임원은 요점들을 그의 비서에게 베끼게 했다.

(A) transcribe   (B) transcribed

(C) transcribing   (D) will transcribe

해설 '요점이 베껴지므로' have+목적어+pp u.150쪽 참조

어휘 executive 임원, 이사, 중역 the main point 요지, 요점 secretary 비서 transcribe 베끼다, 번역하다, 편곡하다

61

정답 : (A)

The company will not let/ its employees _____ vacation/ for more than ten days.

회사는 허용하지 않는다/ 직원들이 휴가를 얻는 것을/ 10일 넘도록.

(A) take   (B) to take

(C) took   (D) be taking

해설 '목적어가 동작을 하므로' let+목적어+원형 u.150쪽 참조

어휘 company 회사 let 허락하다 employee 직원 take vacation 휴가를 얻다

62

정답 : (A)

I will have my secretary _____ my schedule/ and get back to you with the exact time.

(A) check

(B) checked

(C) checking

(D) to check

해설 목적어가 동작을 할 경우 'have+목적어+원형'이므로 u.150쪽 참조

어휘 secretary 비서 schedule 일정 get back to 다시 알려주다 exact 정확한

제 비서에게 제 일정을 확인하게 한 다음/ 정확한 시간을 당신께 알려드리겠습니다.

63

정답 : (C)

When our economy was under the control of the IMF,// many company workers were fired and _____.

(A) have their salaries cut

(B) have cut their salaries

(C) had their salaries cut

(D) had cut their salaries

해설 '시제가 과거이며 봉급이 삭감되므로' have+목적어+p.p u.150쪽 참조

어휘 economy 경제 be under the control of ~의 통제를 받다
fire=dismiss=discharge=eject=boot=sack 해고하다 salary 봉급

우리 경제가 IMF의 통제 하에 있을 때,// 많은 회사 노동자들이 해고되고 봉급이 삭감되었다.

64

정답 : (B)

The new package redesigned by the specialist/ is expected to make our products more _____ / to the consumers.

(A) appeal

(B) appealing

(C) appealingly

(D) appealed

해설 '매력적인'의 뜻을 가진 분사형 형용사 u.150쪽 참조

어휘 package 포장재, 포장지 redesign 새롭게 디자인하다 specialist 전문가 expect 기대(예상)하다 product 제품
appeal 호소하다, 매력을 주다 appealing=attractive=charming=captivating=fascinating 매력적인
consumer 고객, 소비자

전문가가 새롭게 디자인 한 그 새로운 포장재는/ 우리 제품을 더욱 매력적으로 만들어 줄 것으로 예상됩니다/ 소비자들에게.

65

정답 : (A)

The sales manager will let the president _____ / that William is one of the best qualified clerks in the sales department.

(A) know

(B) knowing

(C) known

(D) to know

해설 목적어가 동작을 하므로 let+목적어+동사원형 u.150쪽 참조

어휘 sales manager 영업부장 president 사장, 총장, 대통령 the best qualified 가장 우수한 clerk 직원
sales department. 영업부

영업부장은 사장에게 알릴예정이다/ 윌리엄이 영업부에서 가장 우수한(훌륭한 자격을 갖춘) 직원 중 한 명이라는 것을.

66

정답 : (D)

Finally, we got a mechanic _____ the elevator.

(A) repair

(B) repairing

(C) repaired

(D) to repair

마침내, 우리는 정비사에게 승강기를 수리하게 했다.

해설 '정비가사 수리하므로' get+목적어+to 원형, get A to B: A에게 B를 하게하다 u.151쪽 참조

어휘 finally=ultimately=eventually=at last(length)=in the end 마침내 a mechanic 정비사

67

정답 : (C)

When the photocopier jams,/ I always get John _____ it.

(A) fix

(B) fixed

(C) to fix

(D) to have fixed

복사기가 작동하지 않으면,/ 나는 항상 John에서 고쳐달라고 한다.

해설 'John이 수리하므로' get+목적어+to 원형 u.151쪽 참조

어휘 photocopier 복사기 jam 용지가 끼여서 작동하지 않다, 고장 나다 fix 고치다

68

정답 : (B)

My car broke down yesterday, so I got the mechanic _____ it.

(A) repair

(B) to repair

(C) repaired

(D) to have repaired

내 차가 어제 고장이 났다. 그래서 나는 정비공에게 그것을 수리해 달라고 했다.

해설 '정비공이 수리하므로' get+목적어+to 원형 u.151쪽 참조

어휘 break down=go wrong 고장 나다 repair=fix=do up 고치다

69

정답 : (D)

The sales department head/ got us _____ our business trip.

(A) prepare for

(B) preparing for

(C) prepared for

(D) to prepare for

영업부장은/ 우리에게 출장을 준비하게 했다.

해설 '목적어(우리)가 동작을 하므로' get+목적어+to 원형 u.151쪽 참조

어휘 sales department head 영업부장 prepare for 준비하다 business trip 출장

70

정답 : (C)

I will be sure to keep you _____ on any new developments/ as they occur.

(A) post
(B) posting
(C) posted
(D) to be posted

새로운 전개 상황에 대해 반드시 계속해서 알려 드리겠습니다/ 그것들이 발생할 때.

해설 '목적어가 동작을 받으므로' keep+목적어+p.p u.151쪽 참조

어휘 be sure to=never fail to 반드시 ~하다 keep+목적어+posted 알리다 developments 전개 상황
occur=happen=accrue=arise=take place=break out=crop up=come up=come about=come to pass=go on 발생하다

71

정답 : (C)

Sales representatives/ always need to keep their customers _____ and aware/ of what is going on.

(A) inform
(B) informing
(C) informed
(D) informative

영업 담당자는/ 항상 그들의 고객들에게 정보를 제공해주고 알려줘야 한다/ 진행되고 있는 상황에 대해서.

해설 '고객들이 정보제공을 받으므로' keep+목적어+p.p u.151쪽 참조

어휘 sales representatives 영업 담당자, 판매원, 외판원 customer 고객 be aware of ~을 알다
go on=happen=arise=come about=come to pass 발생하다 what is going on 일어나고 있는 일, 진행 상황

72

정답 : (C)

Most of the financing companies/ keep their complete and accurate sets of records _____ for two years.

(A) maintain
(B) maintaining
(C) maintained
(D) to maintain

대부분의 금융 회사는/ 그들의 완전하고 정확한 일련의 기록들을 2년 동안 보관합니다.

해설 '기록이 보관 되므로' keep+목적어+p.p u.151쪽 참조

어휘 most of the financing companies 대부분의 금융 회사 complete 완전한 accurate 정확한 sets of 일련의
maintain 유지(보관, 보존, 관리)하다

73

정답 : (B)

You will find the time you spend at Hilton Country Club _____.

(A) reward
(B) rewarding
(C) rewarded
(D) to be rewarded

당신은 힐튼 컨트리클럽에서 보내는 시간이 보람 있다는 것을 알게 될 것입니다.

해설 '가치 있는, 보람 있는'의 뜻을 가진 분사형 형용사 u.152쪽 참조

어휘 reward ~에게 보답(보상)하다, 포상 rewarding 가치 있는, 보람 있는

Chapter 5

1 동명사의 의미상 주어는 소유격임을 명심하세요. (u.157쪽)

2 to 다음에 ing가 오는 관용적 용법이 항상 출제됩니다. (u.168/171/174/177/179~181)

3 동명사를 목적어로 취하는 동사와 to 부정사를 목적어로 취하는 동사가 가장 자주 출제됩니다. (u.162쪽)

4 동사 뒤에서 동명사가 오느냐 to 부정사가 오느냐에 따라 의미가 달라지는 동사에 유의하세요. (u.167쪽)

5 전치사 다음에는 기본적으로 동사원형이 올 수 없으며 언제나 명사나 ing형이 온다는 것도 명심하세요. (u.155쪽)

01
정답 : (B)

_____ a successful IT company/ requires/ a lot of capital and a deep knowledge of business practices.

(A) Run
(B) Running
(C) To running
(D) To be running

성공적인 IT 회사를 운영하는 것은/ 요구한다/ 많은 자본과 사업 관행에 대한 깊은 지식을.	

해설 주어로 쓰이는 동명사 u.155쪽 참조

어휘 successful 성공적인 company 회사 require 요구하다 a lot of=lots of 많은 capital 자본
　　a deep knowledge 깊은 지식 practice 관행

02
정답 : (B)

Higher fuel prices/ forced the _____ company/ to increase its retail price.

(A) manufacture
(B) manufacturing
(C) manufactured
(D) manufacturer

높아진 연료비는/ 그 제조회사가/ 소매가를 인상하게 했다. → 연료비 인상으로 인해/ 그 제조회사는 소매가를 인상해야 했다.	

해설 제조회사를 나타내는 동명사이므로 u.156/76/538쪽 참조

어휘 fuel prices 연료비 force(oblige, compel, impel, bind, drive, coerce) A to B A로 하여금 B를 하도록 강요하다
　　company 회사 increase 인상하다 retail price 소매가격 manufacture 제조하다 manufacturer 제조업자

03
정답 : (C)

He denied _____ all those letters for him.

(A) me typing
(B) the typing by me
(C) my typing
(D) I typed

그는 내가 그를 위해 그 모든 편지를 타이핑한 것을 부인했다.	

해설 동명사의 의미상의 주어는 소유격이므로 u.157쪽 참조

어휘 deny 부인하다

04

정답 : (A)

She denied _____ the money.

(A) faking   (B) to fake
(C) being faked   (D) to have faked

그녀는 그 돈을 위조한 것을 부인했다.

해설 deny ~ing ~한 것을 부인하다 u.162쪽 참조

어휘 deny 부인하다 fake=counterfeit 위조하다

05

정답 : (A)

I expect _____ you tomorrow.

(A) to see   (B) seeing
(C) to seeing   (D) for seeing

나는 내일 너를 만나기를 기대한다.

해설 expect to+동사원형 ~할 것을 기대(고대)하다 u.162쪽 참조

어휘 expect to+동사원형=look forward to ~ing ~할 것을 기대(고대)하다

06

정답 : (A)

The manager suggested _____ a research team.

(A) organizing   (B) to organize
(C) organized   (D) being organized

경영자는 연구팀을 조직하자고 제안했다.

해설 suggest~ing ~하자고 제안하다 u.162쪽 참조

어휘 manager 경영자, 관리자 suggest 제안하다 organize 조직(구성)하다 research team 연구팀

07

정답 : (B)

Ms. Najar wants _____ the project by tomorrow.

(A) finalizing   (B) to finalize
(C) having finalized   (D) to have finalized

Najar씨는 내일까지 그 프로젝트를 마무리하고 싶어 한다.

해설 want to 동사원형 ~하기를 원하다, ~하고 싶어 하다 u.162쪽 참조

어휘 Ms. 미혼, 기혼의 구별이 없는 여성의 존칭 finalize 마무리하다 by tomorrow 내일까지

08

정답 : (B)

The secretary should finish _____ the E-mail soon.

(A) answer   (B) answering
(C) to answer   (D) by answering

비서는 곧 전자 메일에 답변하는 것을 끝마쳐야 한다.

해설 finish ~ing ~하는 것을 마치다 u.162쪽 참조

어휘 secretary 비서 should ~해야 한다 finish 끝마치다 soon=before long=in time=be and by=sooner or later 곧, 조만간

09

정답 : (A)

The consultants promised _____ more considerately.

(A) to work

(B) working

(C) having worked

(D) would work

상담사들은 더욱 사려 깊게 일하겠다고 약속했다.

해설 promise to+동사원형 ~하겠다고 약속하다 u.162쪽 참조

어휘 consultant 상담사. 자문 위원 promise 약속하다 considerately 사려 깊게

10

정답 : (B)

Ms. Yun has suggested _____ more reservation clerks.

(A) hire

(B) hiring

(C) to hire

(D) having hired

윤씨는 더 많은 예약 담당 직원을 고용하자고 제안했다.

해설 suggest~ing ~하자고 제안하다 u.162쪽 참조

어휘 Ms. 미혼, 기혼의 구별이 없는 여성의 존칭 suggest 제안하다 hire=employ 고용하다 reservation clerk 예약 담당 직원

11

정답 : (C)

The mechanic admitted _____ to repair my car on time.

(A) fail

(B) failed

(C) failing

(D) to fail

그 정비공은 제 때에 내 차를 수리하지 못한 것을 인정했다.

해설 admit ~ing ~한 것을 인정(시인)하다 u.162쪽 참조

어휘 mechanic 정비공 admit(confess) (to) ~ing ~한 것을 인정(시인)하다 fail to ~하지 못하다
repair=mend=fix=do up 고치다 on time 제 때에, 정각에

12

정답 : (A)

The tennis player failed _____ the Wimbledon Final this year.

(A) to reach

(B) reaching

(C) to reaching

(D) to have reached

그 테니스 선수는 올해 윔블던 결승에 진출하지 못했다.

해설 fail to 동사 원형 ~하지 못하다, ~하는데 실패하다 u.162쪽 참조

어휘 Final 결승전 this year 올해

13

정답 : (C)

I wonder/ if he wouldn't mind _____ with us one more day.

(A) stay

(B) to stay

(C) staying

(D) to be staying

나는 궁금해/ 그가 우리와 함께 하루 더 머물기를 꺼려하지 않을지.

해설 mind ~ing ~하는 것을 꺼려하다 u.162쪽 참조

어휘 wonder 궁금해 하다 stay 머무르다 one more day 하루 더

14

정답 : (A)

I enjoy _____ to the beach as often as possible during the summer.

(A) going   (B) to go

(C) having gone   (D) to have gone

나는 여름에 가능한 한 자주 강변에 가는 것을 즐긴다.

해설 enjoy ~ing ~하는 것을 즐기다 u.162쪽 참조

어휘 enjoy 즐기다 beach 강변, 해변 as often as possible 가능한 한 자주 during 동안에 summer 여름

15

정답 : (B)

We should consider/ _____ a special membership/ to foreign customers.

(A) grant   (B) granting

(C) to grant   (D) to have granted

우리는 고려해야한다/ 특별한 회원 자격을 부여하는 것을/ 외국 고객들에게.

해설 consider ~ing ~할 것을 고려하다 u.162쪽 참조

어휘 consider=contemplate=weigh=allow for=make allowances for=take account of =take into account(consideration) 고려하다 grant 부여하다 special 특별한 membership 회원 자격 foreign 외국의 customer 고객

16

정답 : (B)

I decided _____ him some money// when I heard of the situation he was in.

(A) lending   (B) to lend

(C) by lending   (D) to lending

나는 그에게 돈을 빌려 주기로 결심했다// 그가 처한 상황에 대해 들었을 때.

해설 decide to ~하기로 결심하다 u.162쪽 참조

어휘 decide=determine=resolve=make up one's mind 결심하다 situation 상황 lend-lent-lent 빌려주다

17

정답 : (A)

John couldn't graduate from the law school// because he failed _____ the last exam.

(A) to pass   (B) passing

(C) on passing   (D) to be passed

John은 로스쿨을 졸업 할 수 없었다// 최종 시험에 합격하지 못해서.

해설 fail to+동사원형 ~하지 못하다 u.162쪽 참조

어휘 graduate from 졸업하다 the last exam 최종 시험, 마지막 시험

18

정답 : (A)

Mary is considering _____ to an MBA program// so that she can improve her education.

(A) applying   (B) to apply

(C) application   (D) having applied

> Mary는 MBA 프로그램에 지원할 것을 고려중이다// 자신의 교육을 향상시키기 위하여.

해설 consider ~ing ~할 것을 고려하다 u.162쪽 참조

어휘 MBA=Master of Business Administration 경영학 석사 improve 향상시키다 education 교육

19

정답 : (B)

Cyclists are asked/ to avoid _____ at high speeds/ for the safety of pedestrians/ on Multi-use paths.

(A) ride   (B) riding

(C) to ride   (D) having ridden

> 자전거 타는 사람들은 요청받는다/ 고속 주행을 피하도록/ 보행자의 안전을 위해/ Multi-use 도로에서.

해설 avoid ~ing ~하는 것을 피하다 u.162쪽 참조

어휘 cyclist 자전거 타는 사람 ask 요청(요구)하다 avoid 피하다 ride-rode-ridden 타다 at high speeds 고속으로 safety 안전 pedestrian 보행자 multi-use path 보행자와 자전거 타는 자들이 함께 이용하는 도로

20

정답 : (B)

Unfortunately,// the California office/ has failed _____ its sales goals/ in each of the last two quarters.

(A) achieving   (B) to achieve

(C) to achieving   (D) to have achieved

> 불행히도// 캘리포니아 지사는/ 매출 목표를 달성하지 못했다/ 지난 2분기 각각에서.

해설 fail to+동사원형=fail in~ing ~하지 못하다, ~하는데 실패하다 u.162쪽 참조

어휘 unfortunately 불행히도, 안타깝게도 office 지사, 영업소, 사무소 sales goals 매출 목표 quarter 1/4, 1/4분기 achieve=accomplish=attain=complete=fulfill 성취(달성)하다

21

정답 : (D)

Mr. Johnson failed _____ the sales report/ by the due date// even though he worked overtime/ during the whole week.

(A) complete   (B) completing

(C) completed   (D) to complete

> Johnson씨는 매출 보고서를 완성하지 못했다/ 마감일까지// 비록 초과근무를 했지만/ 그 주 내내.

해설 fail to+동사원형 ~하지 못하다 u.162쪽 참조

어휘 fail to 동사원형=fail in ~ing ~하지 못하다 sales report 매출보고서 by the due date 마감일까지 even though=although=though ~이지만 work overtime 초과근무하다 during the whole week 그 주 내내

22

정답 : (B)

Responsibilities of the sales director/ include/ _____ all earnings and expense reports and managing administrative staff.

(A) review

(B) reviewing

(C) reviewed

(D) to review

해설 include ～ing ～을 포함하다 u.162/531쪽 참조

어휘 responsibility 책임 sales director 영업 이사 include=involve=incorporate=encompass=embody 포함하다
review 재검토하다 earnings and expense reports 수입 및 지출 보고서 manage 관리하다 administrative staff 행적직원

23

정답 : (B)

Continue reading/ and the meaning of these sentences will become clear to you,/ and you can avoid _____ words and phrases.

(A) having read

(B) rereading

(C) to reread

(D) to have reread

해설 avoid ～ing ～하기를 피하다 u.162쪽 참조

어휘 continue 계속해서 ～하다 meaning 의미 sentence 문장 become clear 분명해지다 phrase 구, 구절

24

정답 : (A)

They attempted to _____ the administrative procedures/ to fix the work-related problems.

(A) streamline

(B) streamlining

(C) streamlined

(D) having streamlined

해설 attempt to 동사원형 ～하려고 시도를 하다 u.163쪽 참조

어휘 attempt to+동사원형=attempt ～ing ～하려고 시도하다 administrative procedures 행정 절차 fix=mend 바로잡다
work-related 업무와 관련된 problem 문제 streamline 간소화하다

25

정답 : (B)

You must remember _____ the letter registered.

(A) get

(B) to get

(C) getting

(D) to have gotten

해설 remember to ～할 것을 명심(기억)하다 u.167/151쪽 참조

어휘 register 등기로 부치다, 등기하다

26

정답 : (B)

The city has been trying/ _____ low visitation rates to the waterfront area.

(A) increasing (B) to increase
(C) to increasing (D) to be increasing

시는 노력해 오고 있다/ 해안가 지역에 대한 낮은 방문률을 높이기 위해.

해설 try to ~하려고 애를 쓰다, 노력하다 u.167쪽 참조
어휘 low visitation rate 낮은 방문률 waterfront 해안 지구, 해안의 거리 area 지역

27

정답 : (B)

We regret _____// that the plane bound for Hongkong/ will leave half an hour behind schedule.

(A) saying (B) to say
(C) having said (D) to have said

말씀드리기 죄송합니다만// 홍콩행 비행기가/ 예정보다 30분 늦게 출발하겠습니다.

해설 we regret to say that 말하게 되어 유감이다, 말씀드리기 죄송합니다만 u.167쪽 참조
어휘 the plane bound for Hongkong 홍콩행 비행기 leave=start 떠나다, 출발하다 behind schedule 예정보다 늦게

28

정답 : (C)

The Green Party/ is dedicated _____ the environment.

(A) protecting (B) to protect
(C) to protecting (D) to be protecting

녹색당은/ 환경을 보호하는 데에 전념하고 있다.

해설 be dedicated to ~ing ~에 전념(헌신, 몰두)하다 u.168쪽 참조
어휘 the Green Party 녹색당 environment 환경

29

정답 : (B)

The government/ remains committed _____ Green Belt areas.

(A) protecting (B) to protecting
(C) to protect (D) to be protecting

정부는/ 그린벨트 지역을 보호하는 데에 전념하고 있다.

해설 remain committed to ~ing ~에 전념(헌신, 몰두)하다 u.168쪽 참조
어휘 government 정부 protect 보호하다

30

정답 : (C)

Residents/ are very committed _____ their neighborhood's problems.

(A) solving (B) to solve
(C) to solving (D) to be solving

주민들은/ 이웃의 문제를 해결하는데 매우 헌신적이다.

해설 be committed to ~ing ~에 전념(헌신, 몰두)하다 u.168쪽 참조
어휘 resident 주민 neighborhood 이웃 problem 문제

31

정답 : (C)

The incumbent government/ is firmly devoted _____ unemployment rate.

(A) reducing　　　　　　　　(B) to reduce

(C) to reducing　　　　　　(D) to be reducing

현 정부는/ 실업률을 줄이는 데에 확고하게 전념하고 있다.

해설 be devoted to ～ing ～에 전념(헌신, 몰두)하다 u.168쪽 참조

어휘 incumbent 현재의, 의지하는 government 정부 firmly 확고히 unemployment rate 실업률

32

정답 : (B)

The American Commerce Authority/ is seeking _____ the imports of foreign-made textiles and garments.

(A) limiting　　　　　　　　(B) to limit

(C) limitation　　　　　　　(D) to have limited

미국 상무부는/ 외국에서 만든 직물과 의류의 수입을 제한하려고 애를 쓰고 있다.

해설 seek to+동사원형 ～하려고 노력하다/애를 쓰다. u.167쪽 참조

어휘 commerce 상업, 통상 authority 당국 Commerce Authority 상무부 seek to=try to ～하려고 노력하다/애를 쓰다 limit 제한하다 import 수입 foreign-made 외국산, 외국에서 만든 textiles 직물 garments 의류

33

정답 : (A)

China is so big that there are many places worth _____.

(A) visiting　　　　　　　　(B) to visit

(C) for visiting　　　　　　(D) having visited

중국은 아주 커서/ 가볼만한 곳이 많다.

해설 worth ～ing '～할 만한 가치가 있는' u.169/207쪽 참조

어휘 so ～ that 너무 ～해서 visit=pay a visit to=call at 방문하다

34

정답 : (B)

Notwithstanding I was angry,/ I could not help _____ at his excuse.

(A) to laugh　　　　　　　　(B) laughing

(C) only laugh　　　　　　　(D) being laughed

나는 화가 났지만,/ 그의 핑계를 듣고 웃지 않을 수 없었다.

해설 cannot help ～ing ～하지 않을 수 없다 u.171쪽 참조

어휘 notwithstanding=although=though=even though ～이지만 angry 화난 excuse 변명

35

Due to the students with nut allergies,// when bringing shared food to school,/ please _____ from bringing food that contains nuts of any kind.

(A) result　　　　　　　　(B) benefit

(C) refrain　　　　　　　　(D) succeed

견과류 알레르기를 가진 학생들 때문에// 나눠먹는 음식을 학교에 가져올 때는/ 어떤 종류든 견과류를 포함한 음식물을 가져오는 것을 삼가주세요.

해설 refrain(abstain) from ~ing ~을 삼가다 u.171/117/106/321쪽 참조

어휘 due(owing) to=because of=on account of=on the grounds of ~때문에 nut 견과류 share 나누다 kind 종류
abstain(refrain, forbear, keep) from 삼가다 contain=cover=comprise=include=involve=take in=count in 포함하다

36

My colleagues and I/ are looking forward _____ you sooner or later.

(A) to see　　　　　　　　(B) to seeing

(C) seeing　　　　　　　　(D) to be seeing

저의 동료들과 저는/ 조만간 당신을 보길 고대하고 있습니다.

해설 look forward to ~ing ~하기를 고대하다 u.174쪽 참조

어휘 colleague 동료 sooner or later=before long=in time=some time or other=in a little while 조만간

37

Animal right groups/ object _____ health and beauty products on animals.

(A) to test　　　　　　　　(B) testing

(C) to testing　　　　　　　(D) having tested

동물 권리 단체들은 건강 및 미용 제품을 동물들에게 테스트하는 것을 반대한다.

해설 object to ~ing ~하는 것을 반대하다 u.175쪽 참조

어휘 animal right group 동물 권리 단체 object to ~ing=be opposed to ~ing ~하는 것을 반대하다 product 제품

38

Never fail to use the Standard Operations checklist/ _____ time you prepare boxes for shipment.

(A) little　　　　　　　　(B) each

(C) much　　　　　　　　(D) several

반드시 표준작업 점검표를 이용하세요/ 당신이 선적 상자를 준비할 때 마다.

해설 접속사 자리로서 each time ~할 때마다 u.176/350쪽 참조

어휘 never fail to=be sure to 반드시 ~하다 standard 표준 operation 작업, 작전 checklist 대조표, 점검표
prepare 준비하다 shipment 선적, 발송 little 거의 ~하지 않다 much 많은, 많이 several 몇몇의

39

정답 : (A)

He got a job in a trading company immediately/ _____ resigning from our enterprise.

(A) upon
(B) before
(C) while
(D) since

그는 무역회사에 바로 취업했다/ 우리 기업을 사임하자마자.

해설 upon ~ing ~하자마자 u.177쪽 참조

어휘 get a job 취업하다 a trading company 무역회사 immediately=directly=instantly=promptly=right away 즉시
resign from ~로부터 사임하다 enterprise 기업 while ~하는 동안에 since ~이래로

40

정답 : (C)

_____ completion of the booking,// a reservation reference number and ticket number/ will be generated automatically by the system.

(A) In
(B) At
(C) Upon
(D) With

예약이 완료되면// 예약 조회 번호와 티켓 번호가/ 시스템에 의해 자동으로 생성됩니다.

해설 upon + 동작 명사=upon ~ing ~하자마자 u.177쪽 참조

어휘 completion 완료 booking=reservation 예약 reference 조회, 참조 generate 생산하다 automatically 자동적으로

41

정답 : (D)

_____ termination of this Agreement,// the Franchisee shall at its own expense return the equipment/ to the Franchisor/ at the Franchisor's place of business/ in the same condition as when received.

(A) At
(B) In
(C) For
(D) Upon

이 계약이 종료되자마자.// 가맹점은 자비로 그 장비를 반환해야 한다/ 가맹점주에게/ 가맹점의 사업장으로/ 배달되었을 때와 동일한 상태로.

해설 '~하자마자'의 뜻이므로 u.177/88쪽 참조

어휘 upon termination 종료되자마자 agreement 계약, 협정, 동의 franchisee 가맹점 shall ~해야 한다
at its own expense 자비로 return 반환하다 equipment 장비 franchisor 가맹점주
place of business 사업장 in the same condition 동일한 상태로

42

정답 : (D)

Joshua is a bit of a blowhard, but when it comes _____ sales, no one in the company is better than he is.

(A) to push
(B) to be pushing
(C) pushing
(D) to pushing

Joshua는 약간 허풍쟁이지만, 판매(영업)를 밀어붙이는 것에 관한 한, 그 회사의 누구도 그보다 더 낫지 않다.

해설 when it comes to ~ing ~에 관한 한 u.179쪽 참조

어휘 a bit of 약간 a blowhard 허풍쟁이, 떠버리 when it comes to ~ing=As concerns(regards, respects) ~에 관한 한
sales 판촉활동, 영업, 영업활동 company 회사 better 더 훌륭한

Chapter 6 부정사(11문제)

1 접속사가 없는 하나의 문장 속에는 두 개의 동사가 있을 수 없습니다.

2 이 때 하나는 분사가 되거나 to 부정사가 되어야 합니다.

3 문장의 처음에 빈칸이 오고 comma가 온 다음, 주어+동사로 이어지면 거의 to 동사 원형이 답입니다.(5번 참조)

01

정답 : (B)

It will be difficult _____ a new sales manager.

(A) get   (B) to get

(C) for getting   (D) for having gotten

새로운 판매부장을 구하기는 어려울 거야.

해설 가주어 It가 가리키는 진주어가 필요하므로 u.184쪽 참조

어휘 difficult 어려운 get=gain=secure 얻다, 구하다 a sales manager 판매부장

02

정답 : (C)

We are looking for an individual _____ our Billing and Collections Department.

(A) joins   (B) joining

(C) to join   (D) joined

우리는 청구 및 수금 부서에 함께 할 개인을 찾고 있습니다.

해설 앞 명사를 꾸며주는 형용사적 용법이 필요하므로 u.186쪽 참조

어휘 look(seek, search) for=try to find 찾다 individual 개인 Billing and Collections Department 청구 및 수금 부서 join 합류(함께)하다

03

정답 : (C)

Please make sure that the packages _____ sent to the trade fair in Paris are ready by Tuesday.

(A) are   (B) were

(C) to be   (D) being

파리 무역 박람회에 보낼 소포가 꼭 화요일까지 준비되도록 해주세요.

해설 이미 동사 are가 있으므로, packages를 꾸며주는 형용사적 용법이 필요함 u.186쪽 참조

어휘 make sure that=make certain that=ensure that ∼하도록 하다 package 소포 send-sent-sent 보내다 trade fair 무역 박람회 be ready 준비되다 by Tuesday 화요일까지

04

정답 : (C)

Last month's issue of Fashion and Style/ featured Carrie Plimpton,/ an interior decorator with a special ability _____ a client's personality in her designs.

(A) capture
(B) capturing
(C) to capture
(D) for capturing

Fashion and Style의 지난 달 호는/ Carrie Plimpton를 실었 다/ 자신의 디자인에 고객의 개 성을 포착 할 수 있는 특별한 능 력을 갖춘 실내 장식가인(Carrie Plimpton을).

해설 ability to 동사 ~할 수 있는 능력 u.186쪽 참조

어휘 issue 호, 발행 feature 싣다, 다루다 interior decorator 실내 장식가 a special ability 특별한 능력 client 고객 personality 개성

05

정답 : (B)

_____ the proper functioning of this machine,// thorough inspection should take place/ at regular intervals.

(A) Maintaining
(B) To maintain
(C) To be maintaining
(D) To maintenance

이 기계의 적절한 기능을 유지하 기 위해서는,// 철저한 검사가 이 뤄져야 한다/ 정기적으로.

해설 문맥상 to 부정사의 부사적 용법(~하기 위하여)이 들어가야 하므로 u.189쪽 참조

어휘 proper=pertinent=suitable 적절한 function 작동(기능)하다 machine 기계 thorough 철저한 inspection 검사 take place=come about=come to pass 발생하다 at regular intervals=on a regular basis 정기적으로 maintain 유지하다

06

정답 : (B)

_____ the full coverage of the benefit,// local insurance companies also insure their assets with large insurance carriers.

(A) Ensuring
(B) To ensure
(C) To be ensure
(D) To be ensured

혜택의 충분한 범위를 보장하기 위하여,// 지방 보험 회사들은 또 한 대형 보험 회사에 그들 자산 을 보험에 가입시킨다.

해설 지역 보험회사들이 그들 자산을 대형 회사에 보험을 드는 목적을 나타내므로(~하기 위하여) u.189쪽 참조

어휘 ensure 보장(보증, 확보)하다 full 충분한 coverage 보상 범위 benefit 혜택, 수당 local 지역의, 지방의 insurance company 보험회사 insure 보험에 가입하다 asset 자산 large insurance carrier 대형 보험회사

07

정답 : (C)

In the summer,/ most of the tourists visiting California should wear sunglasses/ _____ their eyes from sun.

(A) protect
(B) protecting
(C) to protect
(D) to protecting

여름에/ 캘리포니아를 방문하는 관광객 대부분은 선글라스를 착 용해야한다/ 자신의 눈을 태양으 로부터 보호하기 위해.

해설 문맥상 to 부정사의 부사적 용법(~하기 위하여)이 들어가야 하므로 u.189쪽 참조

어휘 most 대부분 tourist 관광객 wear-wore-worn 착용하다 protect 보호하다

08

Multicom is planning to take over one of its minor competitors/ _____ itself in the telecommunications industry.

(A) establish

(B) establishing

(C) established

(D) to establish

Multicom은 소규모 경쟁사 중 하나를 인수할 계획이다/ 통신 업계에서 자리를 잡기 위하여.

해설 문맥상 to 부정사의 부사적 용법(~하기 위하여)이 들어가야 하므로 u.189쪽 참조

어휘 be planning to ~할 계획이다 take over 인수하다 minor 소규모의, 소수의 competitor 경쟁사
establish oneself 자리를 잡다 the telecommunications industry 통신업계

09

정답 : (B)

High seasonal demand/ make it impossible/ _____ resort guests to be accommodated without advance reservations.

(A) of

(B) for

(C) from

(D) that

높은 계절적 수요는/ 불가능하게 만든다/ 리조트 손님들이 사전 예약 없이 숙박하는 것을.

해설 impossible의 경우, 의미상의 주어는 for ~to 사이로 들어가므로 u.195쪽 참조

어휘 seasonal demand 계절적 수요 impossible 불가능한 guest 손님 accommodate 숙박시키다
advance reservations 사전 예약

10

정답 : (D)

Age didn't seem to _____ / to the new manager.

(A) important

(B) significant

(C) concern

(D) matter

나이는 중요한 것 같지 않았다/ 새로 온 경영자에게.

해설 seem to+동사 원형 ~인 것 같다 u.198쪽 참조

어휘 age 나이 matter to ~에게 중요하다, ~에게 문제가 되다 manager 경영자, 관리자
important=significant=consequential=momentous 중요한 concern 관심, 관련, 우려 ~와 관련이 있다

11

정답 : (A)

_____ use our online bill payment system,// you must first complete our registration process.

(A) In order to

(B) Before

(C) So that

(D) According to

우리의 온라인 청구서 지불 시스템을 이용하려면,// 당신은 먼저 우리의 등록 절차를 완료해야 합니다.

해설 뒤에 동사의 원형이 왔으며, 문맥상 가장 자연스러우므로 u.206쪽 참조

어휘 bill 청구서, 계산서 payment 지불 complete=fill in=fill out 작성하다 registration process 등록 절차
in order to=so as to=with a view to ~ing ~하기 위하여 so that=in order that ~하기 위하여
according to ~에 따르면

Chapter 6 부정사 **69**

1 조동사 다음에는 언제나 동사 원형이 온다는 것은 기본입니다.
2 could/should/would/might의 의미차이를 구별할 수 있어야 합니다.

01

정답 : (A)

Development of tourism/ can actually _____ the local economy/ through high employment of the residents.

(A) stimulate	(B) stimulating
(C) stimulated	(D) to stimulate

관광 개발은/ 실제로 지역 경제를 활성화 할 수 있다/ 거주자들의 높은 고용을 통해서.

해설 조동사 다음에는 원형 동사가 오므로 u.83/212쪽 참조

어휘 development 개발 tourism 관광 actually=really 실제로 local economy 지역 경제 through ~을 통해서 employment 고용 resident 주민, 거주민 stimulate 활성화 하다, 자극하다

02

정답 : (A)

The board of directors/ should carefully _____ their sales goals// before the monthly meeting this week.

(A) determine	(B) determining
(C) determined	(D) to determine

이사회는/ 판매 목표를 신중하게 결정해야 한다// 이번 주 월례회의가 있기 전에.

해설 조동사 다음에는 원형 동사가 오므로 u.83/228쪽 참조

어휘 board of directors 이사회 carefully=with care 신중하게 sales goals 판매 목표 monthly 매 달의 determine=decide 결정하다

03

정답 : (B)

The sales manager did everything he _____ / to avoid a reduction in sales.

(A) might	(B) could
(C) should	(D) would

판매부장은 자신이 할 수 있는 모든 일을 했다/ 판매 감소를 피하기 위해서.

해설 문맥상 능력이나 가능을 나타내므로 u.212쪽 참조

어휘 sales manager 판매부장 avoid 피하다 reduction 감고 sales 판매

04

정답 : (B)

There is a chance that I _____ not be with you on your birthday.

(A) can	(B) may
(C) need	(D) should

내가 네 생일에 너와 함께 없을 가능성이 있어.

해설 가능성을 나타내는 조동사이므로 u.215/335쪽 참조

어휘 chance=possibility=probability=feasibility=plausibility=likelihood 가능성

05

정답 : (A)

When I was a highschool student,// I _____ all night for the exams.

나는 고등학생이었을 때,// 시험을 위해 밤새도록 공부하곤 했다.

(A) used to study   (B) used to studying

(C) was used to study   (D) was used to studying

해설 used to + 동사원형 ～하곤 했다 u.223쪽 참조

어휘 study all night 밤새 공부하다 for the exams 시험을 위해서, 시험을 대비해서

06

정답 : (C)

The new employees had a lot of difficulties at first,// but they are used _____ at night now.

신입 사원들은 처음에는 많은 어려움을 겪었지만,// 지금은 밤에 일하는 데 익숙하다.

(A) working   (B) to work

(C) to working   (D) for working

해설 be used to ~ing ～하는 데 익숙하다 u.223쪽 참조

어휘 employee 직원 a lot of=lots of=plenty of 많은 difficulty 어려움 at first 처음에는 at night 밤에

07

정답 : (B)

According to the instruction manual,// the water-proof materials should be used/ _____ the products.

사용 설명서에 따르면,// 방수 재질이 사용되어야한다/ 그 제품들을 포장하는 데.

(A) wrap   (B) to wrap

(C) to wrapping   (D) to be wrapped

해설 be used to + 동사원형 ～하는 데 사용되다 u.223쪽 참조

어휘 according to ～에 따르면 instruction manual 사용 설명서 water-proof 방수의 materials 재질, 재료 products 제품

08

정답 : (C)

We asked the IT department/ when the new computers _____.

우리는 IT(정보기술)부서에 물었다/ 언제 새 컴퓨터가 도착할 것인지를.

(A) arrive   (B) will arrive

(C) would arrive   (D) was arriving

해설 주절의 시제가 과거이며 '과거에서 본 미래'를 나타내므로 u.56/225쪽 참조

어휘 ask 묻다, 질문하다 IT=information technology 정보기술 when 언제 department 부서 arrive 도착하다

09

정답 : (D)

Children _____ not be left unattended.

아이들은 돌보지 않고 내버려두어서는(방치해두어서는) 안 된다.

(A) could   (B) might

(C) would   (D) should

해설 충고를 나타내는 조동사이므로 u.228/151쪽 참조

어휘 leave ～ unattended 방치해 두다, 돌보지 않고 내버려 두다 should ～해야 한다

10

정답 : (D)

You have studied for five consecutive days; you _____ be exhausted!

(A) may

(B) could

(C) would

(D) should

너는 연속해서 5일 동안 공부했잖아. 너는 틀림없이 피곤할 거야!

해설 논리적인 결과를 나타내므로 u.228쪽 참조

어휘 consecutive 연속적인 exhausted=tired out=worn out 지친, 녹초가 된
may=might=could ～일지도 모른다, ～일 수도 있다 should=ought to 틀림없이 ～할 것이다

11

정답 : (D)

You _____ our conversation,// because it was private.

(A) could have listened

(B) might have listened

(C) must have listened

(D) shouldn't have listened

너는 우리의 대화를 듣지 말았어야 했다.// 왜냐하면 그것은 사적인 대화였거든.

해설 should(ought to) have p.p ～했어야 했는데 u.229쪽 참조

어휘 conversation 대화 private 사적인, 은밀한, 개인적인 could have listened ～할 수 있었을 텐데
might have listened ～했을지도 모른다 must have listened ～했음에 틀림없다
shouldn't have listened ～하지 말았어야 했는데

12

정답 : (A)

She _____ the house yet, for her car is still outside.

(A) can't have left

(B) might have left

(C) must have left

(D) shouldn't have left

그녀는 아직 집을 떠났을 리가 없다// 왜냐하면 그녀의 차가 아직도 밖에 있잖아.

해설 자동차가 밖에 있는 것으로 미루어 보건데 can't have p.p ～했을 리가 없다 u.214쪽 참조

어휘 leave-left-left 떠나다 yet 아직 for 왜냐하면 still 아직도, 여전히 outside 밖에

13

정답 : (C)

Look at Lilly's suntan. She _____ somewhere hot on vacation.

(A) could have gone

(B) might have gone

(C) must have gone

(D) should have gone

릴리의 선탠(피부가 탄 모습)을 봐. 그녀는 휴가를 어딘가 더운 곳으로 갔음에 틀림없다.

해설 피부가 탄 것으로 미루어 보아 must have p.p ～했음에 틀림없다 u.217쪽 참조

어휘 suntan 볕에 그을음, 피부가 탄 모습 somewhere 어딘가 vacation 휴가 could have p.p ～할 수 있었을 텐데

14

정답 : (B)

If I had known about the traffic problems, I _____ a different route.

(A) can't have taken

(B) might have taken

(C) must have taken

(D) should have taken

내가 교통 문제를 알았더라면, 나는 다른 길을 택했을지도 모른다.

해설 제3 조건문으로 문맥상 'might have p.p ～했을지도 모른다'가 가장 자연스러우므로 u.216/237쪽 참조

어휘 traffic problems 교통문제 different 다른 route 노선

Chapter 8

가정법(48문제)

1 가정법 현재(u. 244쪽)는 약방의 감초처럼 항상 몇 문제씩 출제됩니다.

2 항상 주절과 종속절의 시제 문제와 조건접속사 문제가 출제됩니다.

3 주절의 시제를 보고, 종속절의 시제를 알아야 하고, 종속절의 시제를 보고 주절의 시제를 알아야 합니다.

01
정답 : (B)

If the computer develops a virus,/ then it _____ a technician.

(A) need	(B) needs
(C) needed	(D) would need

컴퓨터에 바이러스가 생기면,/ 그 때는 기술자가 필요해.

해설 무조건문이면서 3인칭 단수이므로 u.232쪽 참조

어휘 develop a virus 바이러스가 생기다 need 필요로 하다 technician 기술자

02
정답 : (B)

_____ you are a normal person,// you require approximately eight hour's sleep every day.

(A) As	(B) If
(C) Probably	(D) As if

여러분이 정상인이라면,// 여러분은 매일 대략 8시간의 수면이 필요하다.

해설 무조건문의 접속사이므로 u.232쪽 참조

어휘 normal person 정상인 require=need 필요로 하다 approximately=about=around=some 대략 every day 매일

03
정답 : (B)

If the delivery is late, we _____ the shipping charges.

(A) paid	(B) will pay
(C) are paying	(D) have paid

배달이 늦을 경우, 저희가 배송료를 지불하겠습니다.

해설 제1 조건문이므로 u.232쪽 참조

어휘 delivery 배달, 전달 late 늦은 shipping charge 배송료

04
정답 : (B)

If we fail to receive financial aids from the government,// we _____ bankruptcy

(A) go	(B) will go
(C) would go	(D) should go

정부로부터 재정 지원을 받지 못하면,// 우리는 파산 할 것이다.

해설 제1 조건문에서 주절은 조동사의 현재형이므로 u.232쪽 참조

어휘 receive 받다 financial aid 재정적 지원 government 정부 go into bankruptcy=go bankrupt=go to smash 파산하다

05

정답 : (A)

Make sure to call me at once// should _____ have any problems accessing your computer.

(A) you   (B) your

(C) yours   (D) yourself

반드시 즉시 나에게 전화해// 컴퓨터에 접속하는 데 어떤 문제가 있으면.

해설 「if you should have…」에서 if가 생략되어 도치된 구문 u.233/242쪽 참조

어휘 make sure to 반드시(꼭) ~하다 call=telephone 전화하다 at once=immediately=directly=instantly=promptly 즉시 access=have access to ~에 접속하다

06

정답 : (B)

She would not be so rude to her staff// if she _____ not the owner's daughter.

(A) was   (B) were

(C) would be   (D) should be

그녀는 그녀의 직원들에게 그토록 무례하지 않을 텐데// 만일 그녀가 소유주의 딸이 아니라면.

해설 제2 조건문(가정법 과거)이므로 u.234쪽 참조

어휘 rude=immodest=impolite=improper=impertinent=uncivil=discourteous=disrespectful 무례한 staff 직원 owner 소유주, 주인

07

정답 : (C)

If the company reduced its deficit by half,// it _____ more competitive again.

(A) is   (B) will be

(C) would be   (D) would have been

회사가 적자를 절반으로 줄이면,// 다시 경쟁력을 갖게 될 텐데.

해설 제2 조건문의 주절은 조동사의 과거형이므로 u.235쪽 참조

어휘 company 회사 reduce 줄이다 deficit 적자 ↔ surplus 흑자 competitive 경쟁력 있는

08

정답 : (A)

If I were you, I _____ consult a physician.

(A) would   (B) could have

(C) might have   (D) would have

내가 너라면, 나는 의사의 진찰을 받겠어.

해설 충고할 때 if절의 시제가 과거이면, 주절의 시제는 조동사의 would+동사원형 u.235쪽 참조

어휘 consult a physician 내과 의사와 상담하다, 의사의 진찰을 받다

09

정답 : (D)

If I were you,/ I _____ stop smoking.

(A) would have   (B) could have

(C) might have   (D) would

내가 너라면,/ 담배를 끊겠어.

해설 충고할 때 if절의 시제가 과거이면, 주절의 시제는 조동사의 would+동사원형 u.235쪽 참조

어휘 stop smoking 담배를 끊다

10

정답 : (D)

He wouldn't get good grades/ _____ he not to study harder.

(A) if　　　　　　　　　　(B) should

(C) did　　　　　　　　　 (D) were

그는 좋은 성적 얻지 못할 것이다/ 그가 더 열심히 공부하지 않는다면.

해설 「if he were not to study harder」에서 if가 생략되어 도치된 구문 u.235/242쪽 참조

어휘 grade 성적, 학점, 등급, 학년 harder 더 열심히

11

정답 : (C)

_____ he been awake, he would have heard the noise.

(A) If　　　　　　　　　　(B) Provided

(C) Had　　　　　　　　　(D) Would

잠에서 깨어 있었더라면,// 그는 그 소리를 들었을 텐데.

해설 If가 생략된 가정법 과거 완료이므로 u.237쪽 참조

어휘 awake 깨어있는 noise 소음

12

정답 : (B)

If I _____ earlier that English is so easy,// I would never have given it up.

(A) knew　　　　　　　　(B) had known

(C) have known　　　　　(D) would have known

영어가 이토록 쉽다는 것을 더 일찍 알았더라면,// 나는 결코 영어를 포기하지 않았을 텐데.

해설 제3 조건문(가정법 과거 완료)의 조건절의 시제이므로 u.237쪽 참조

어휘 earlier 더 일찍 easy 쉬운 given(throw, chuck, turn, pass) up=leave(cast) off=give away=abandon=desert 포기하다

13

정답 : (D)

Had I known you were coming to New York,// I _____ to the airport to meet you.

(A) would go　　　　　　(B) should go

(C) must have gone　　　(D) would have gone

네가 뉴욕에 올 것이라는 것을 알았더라면,// 나는 너를 마중하기 위해 공항에 갔을 텐데.

해설 제3 조건문(가정법 과거 완료)의 주절의 시제는 '조동사의 과거형+have+pp'이므로 u.237쪽 참조

어휘 airport 공항 meet 마중하다, 도착을 기다리다, 만나다

14

정답 : (D)

Had the synopsis been delivered earlier,// we _____ Mr. Roberson's proposal in our evaluation.

(A) ought to have included　　(B) should have included

(C) may have included　　　　(D) might have included

만일 줄거리가 일찍 전달되었더라면,// 우리는 Roberson의 제안을 우리의 평가에 포함시켰을지도 모른다.

해설 제3 조건문(가정법 과거 완료)의 주절의 시제는 '조동사의 과거형+have+pp'이므로 u.237/222/215쪽 참조

어휘 synopsis=summery=outline 개요, 요약, 줄거리 deliver 전달(배달)하다
include=involve=encompass=embody 포함하다 proposal 제안 evaluation=estimation 평가

15

Had we realized that the event would not be popular with our customers,// we _____ the plan in its early stages.

(A) canceled

(B) would cancel

(C) would have canceled

(D) will have canceled

만일 그 행사가 고객들에게 인기가 없을 것이라는 것을 깨달았더라면,// 우리는 초기 단계에서 그 계획을 취소했을 것이다.

해설 제3 조건문(가정법 과거 완료)의 주절의 시제는 '조동사의 과거형+have+pp'이므로 u.237쪽 참조

어휘 realize 깨닫다 event 행사 popular 인기 있는 customer 고객 plan 계획 stage 단계, 무대 cancel=revoke=call off 취소하다

16

_____ Mr. Hampton been elected, he would have changed the social security system.

(A) If

(B) Has

(C) Had

(D) Having

Hampton씨가 선출 되었더라면,// 그는 사회보장제도를 바꾸었을 텐데.

해설 제3 조건문(가정법 과거 완료)에서 If가 생략된 문장 u.237쪽 참조

어휘 elect 선출하다 social security system 사회보장제도

17

Jane _____ a French food for us last night// if she had found the proper ingredients.

(A) would cook

(B) could cook

(C) would be cooking

(D) would have cooked

Jane은 어젯밤에 우리를 위해 프랑스 음식을 요리했을 텐데.// 그녀가 적절한 재료를 발견했다면.

해설 제3 조건문(가정법 과거 완료)의 주절의 시제는 '조동사의 과거형+have+pp'이므로 u.237쪽 참조

어휘 a French food 프랑스 음식 last night 어젯밤 proper=pertinent=suitable 적절한 ingredient 재료

18

If the job candidate hadn't been late for the interview,// she _____ the job.

(A) had got

(B) could get

(C) would get

(D) could have gotten

입사 지원자가 면접시험에 늦지 않았더라면.// 그녀는 그 직업을 구할 수 있었을 텐데.

해설 제3 조건문(가정법 과거 완료)의 주절의 시제는 '조동사의 과거형+have+pp'이므로 u.237쪽 참조

어휘 job candidate 입사 지원자, 구직 희망자 late 늦은 get-got-got(gotten) 얻다. 구하다 job 직업

19

If the company _____ some fringe benefits,// I would have considered the position.

(A) could offer

(B) had offered

(C) has offered

(D) had been offered

만일 그 회사가 약간의 부가 혜택을 제공했더라면,// 나는 그 직책을 고려했을 것이다.

해설 제3 조건문(가정법 과거완료)의 If절 시제는 'had+pp'이며, 목적어가 있는 능동태이므로 u.237쪽 참조

어휘 company 회사 offer 제공하다 fringe benefits 부가 혜택 position 직책
consider=contemplate=weigh=allow for=make allowance for=take account of=take ~ into account 고려하다

20

_____ that the company was suffering from a money shortage,// we would not have made a contract with it.

(A) If we knew

(B) Should we know

(C) Did we know

(D) Had we known

그 회사가 자금 부족으로 고통 받고 있음을 알았더라면,// 우리는 그 회사와 계약을 맺지 않았을 것이다.

해설 If가 생략된 구문으로, 제3 조건문(가정법 과거완료)의 시제는 'had+pp'이므로 u.237쪽 참조

어휘 company 회사 suffer from 고통을 당하다 a money shortage 자금 부족 make a contract with ~과 계약을 맺다

21

She said// that if she had worked harder,/ she _____ earlier.

(A) would promote

(B) would be promoted

(C) would have promoted

(D) would have been promoted

그녀는 말했다// 자신이 더 열심히 일했더라면,/ 더 일찍 승진했을 것이라고.

해설 제3 조건문(가정법 과거 완료)의 주절의 시제는 '조동사의 과거형+have+pp'이므로 u.237쪽 참조

어휘 promote 승진(진급)시키다, 장려하다

22

If I had worked harder in my school days,// I _____ in a comfortable office now.

(A) was working

(B) will be working

(C) would be working

(D) would have been working

학창시절에 더 열심히 공부했더라면,// 나는 지금 편안한 사무실에서 일하고 있을 텐데.

해설 학창시절과 지금이 혼합되어 있는 조건문이므로 u.238쪽 참조

어휘 in one's school days 학창시절에 comfortable=cozy 편안한

23

The world would be very boring today// if the computer _____ invented.

(A) wasn't

(B) weren't

(C) hasn't been

(D) hadn't been

세상은 오늘 날 매우 지루할 텐데// 컴퓨터가 발명되지 않았더라면.

해설 혼합 조건문이므로 u.238쪽 참조

어휘 boring=monotonous=uninteresting=dull=drab=even=tedious=boresome 지루한 invent 발명하다

24

정답 : (B)

He would be more successful now// _____ he had more time to study then.

(A) if

(B) had

(C) would

(D) supposed

그는 지금 더 성공해 있을 텐데/ 그때 공부할 시간이 더 많이 있었더라면.

해설 now와 then이 있으며, if가 생략된 혼합 가정법이므로 u.238쪽 참조

어휘 successful 성공적인 now 지금 then 그때

25

정답 : (A)

It is important that she _____ the meeting.

(A) attend

(B) attends

(C) will attend

(D) would attend

그녀가 회의에 참석하는 것이 중요합니다.

해설 important 다음 that절에서 '원형'이 오므로 u.244쪽 참조

어휘 important 중요한 attend 참석하다

26

정답 : (A)

My boss suggested/ that I _____ the conference

(A) attend

(B) must attend

(C) have to attend

(D) would attend

나의 보스는 제안했다/ 내가 그 회의에 참석하라고.

해설 suggest 다음 that절에서 미래의 뜻이 올 때는 '원형'이므로 u.244쪽 참조

어휘 boss 상사, 우두머리, 사장 suggest 제안하다 attend 참석하다 conference 회의

27

정답 : (D)

The hostess insisted/ that we _____ so early.

(A) did not leave

(B) must not leave

(C) were not to leave

(D) not leave

안주인은 주장했다/ 우리에게 그렇게 일찍 떠나지 말라고.

해설 insisted 다음 that절에서 미래의 뜻이 올 때는 '원형'이므로 u.244쪽 참조

어휘 hostess 안주인, 여주인 insist 주장하다 leave-left-left 떠나다 so early 그렇게 일찍

28

정답 : (D)

They suggested// that the company _____ a training program.

(A) established

(B) to establish

(C) had establishing

(D) establish

그들은 제안했다// 회사가 연수 프로그램을 설립해야한다고.

해설 제안 동사 다음 that절에서 '원형'이 오므로 u.244쪽 참조

어휘 suggest 제안하다 company 회사, 중대, 동료 training 연수, 훈련 establish 설립(수립, 확립)하다

29

정답 : (A)

She recommended/ that I _____ Chapter 3 of the computer manual.

(A) review　　　　　　　　(B) reviews

(C) reviewed　　　　　　　(D) must review

그녀는 권했다/ 나에게 컴퓨터 설명서의 3장을 재검토해보라고.

해설 recommend 다음 that절에서 '원형'이 오므로 u.244쪽 참조

어휘 recommend 권장하다 review 재검토하다 chapter 장 manual 설명서

30

정답 : (A)

It is imperative that the CEO _____ the present conditions of the department.

(A) understand　　　　　　(B) understands

(C) will understand　　　　(D) has understood

CEO가 그 부서의 현 상황을 이해하는 것이 시급하다.

해설 imperative 다음 that절에서 '원형'이 오므로 u.244쪽 참조

어휘 imperative 시급한, 아주 중요한 CEO 최고 경영자 present 현재의 condition 상황, 조건 department 부서

31

정답 : (D)

The witnesses insisted// that the traffic accident _____ on the crosswalk.

(A) occur　　　　　　　　(B) ccurred

(C) ohas occurred　　　　(D) had occurred

목격자들은 주장했다// 교통사고가 횡단보도에서 발생했다고.

해설 주장한 것보다 교통사고사 먼저 발생했으므로 대과거 u.245/83쪽 참조

어휘 witness 목격자 insist 주장하다 traffic accident 교통사고 crosswalk 횡단보도
　　occur=happen=accrue=take place=break out=come about=come to pass 발생하다

32

정답 : (A)

The certified public accountant requested// that the client _____ her bill at once.

(A) pay　　　　　　　　　(B) paid

(C) must pay　　　　　　(D) had to pay

공인 회계사는 요청했다// 고객에게 즉시 청구서(계산서)를 지불 하라고.

해설 request 다음 that절에서 '원형'이 오므로 u.244쪽 참조

어휘 certified public accountant 공인 회계사 request 요청하다 client 고객 bill 계산서, 청구서
　　at once=immediately=directly=instantly=promptly=right away=in no time=off hand=out of hand 즉시

33

정답 : (A)

The ship's captain requested/ that all the passengers _____ emergency procedures.

(A) review

(B) reviewed

(C) must review

(D) had to review

그 배의 선장은 요청했다/ 모든 승객에게 비상 절차를 재검토 하라고.

해설 request 다음 that절에서 '원형'이 오므로 u.244쪽 참조

어휘 captain 선장 request 요청하다 passenger 승객 review 재검토하다 emergency procedure 비상 절차, 응급조처

34

정답 : (A)

Experts have said// that it is desirable that the government _____ its current policies.

(A) change

(B) changes

(C) must change

(D) has to change

전문가들은 말했다// 정부가 현재의 정책을 바꾸는 것이 바람직하다고.

해설 desirable 다음 that절에서 '원형'이 오므로 u.244쪽 참조

어휘 expert 전문가 desirable 바람직한 government 정부, 내각, 정치 current 현재의 policy 정책

35

정답 : (A)

The employees of the company insisted// that they _____ fully paid for working overtime.

(A) be

(B) were

(C) had to be

(D) must be

그 회사의 직원들은 주장했다// 초과 근무에 대해 충분한 보수를 받아야 한다고.

해설 insist 다음 that절에서 당위성을 나타낼 때는 '원형'을 사용하므로 u.244쪽 참조

어휘 employee 직원 company 회사 insist 주장하다 fully 충분히, 완전히 pay-paid-paid 지불하다
work overtime=work extra hours 초과 근무하다

36

정답 : (A)

Before signing the contract,// we ask that you _____ some time to review the terms thoroughly.

(A) take

(B) must take

(C) have to take

(D) should be taken

계약서에 서명하기 전에,// 시간을 내어 계약 조건을 철저히 재검토해 주실 것을 요청합니다.

해설 ask 다음 that절에서 당위성을 나타낼 때는 '원형'을 사용하므로 u.244쪽 참조

어휘 contract 계약서 ask 요청하다 take time 시간을 내다 review 재검토하다 terms 계약 조건
thoroughly=drastically=downright=out and out=through and through=every bit=every inch=all out 철저히

37

정답 : (B)

The board of directors strongly recommended// that the chief executive officer's term _____ to at least five years.

(A) extend
(B) be extended
(C) has to be extended
(D) will be extended

이사회는 강력히 권고했다// 최고 경영자의 임기는 최소한 5년으로 연장되어야 한다고.

해설 recommend 다음 that절에서 '원형'이 오므로 u.244쪽 참조

어휘 The board of directors 이사회 strongly 강력히 recommend 권고(추천)하다 chief executive officer 최고 경영자 term 임기 at least=at the very least=not less than 최소한, 적어도

38

정답 : (B)

The White House said// McMaster would retire from the army after 34 years of service/ and insisted// that his departure/ _____ related to any incident,/ rather it was the result of ongoing conversations between him and Trump.

(A) be not
(B) was not
(C) should not be
(D) would not be

백악관은 말했다// McMaster가 34년간의 복무를 마치고 군에서 은퇴 할 것이라고/ 그리고 주장했다// 그가 떠나는 것은/ 어떤 사건과도 관련이 없으며,/ 오히려 그것은 그와 트럼프 간의 지속적인 대화의 결과라고.

해설 insisted가 과거시제이며 '단순한 사실'을 주장하고 있으므로 같은 시제가 되어야 함 u.244/245쪽 참조

어휘 The White House 백악관 retire from the army 군에서 은퇴하다, 군을 제대하다 insist 주장하다 departure 출발, 떠나는 것 be related to=be connected with ~와 관련이 있다 incident 사건 rather 오히려 result 결과 ongoing=continuous 지속적인

39

정답 : (B)

Though we understood the reasoning behind the instruction,// it was difficult not to say anything at all to one another/ and simply go about our day/ as though nothing _____.

(A) happened
(B) had happened
(C) was happening
(D) were happening

우리는 그 지침 배경의 추론(결론 도달 과정)은 이해하였지만,// 서로 아무 말도하지 않고, 그저 하루를 지내는 것은 어려웠다// 마치 아무 일도 없었던 것처럼.

해설 '과거 이전에 아무 일도 없었던 것처럼'의 뜻이므로 u.248쪽 참조

어휘 though=although 비록 ~이지만 reasoning 추론 instruction 지침, 지시 not at all=never 전혀 ~하지 않다 simply 그저 go about one's day 하루를 지내다 as though=as if 마치 ~인 것처럼 happen=occur 발생하다

40

정답 : (B)

If it _____ for air,// nothing could live on this planet.

(A) was not
(B) were not
(C) had not been
(D) has not been

만약 공기가 없다면,// 이 지구상에는 아무것도 살 수 없을 거야.

해설 제2 조건문(가정법 과거)으로, 귀결절 시제가 조동사의 과거형(could)이므로 If절 시제도 과거형 u.249쪽 참조

어휘 If it were not for ~이 없다면 air 공기 planet 행성, 지구

41

_____ it not been for your assistance,// I could not have finished the task.

(A) If
(B) Have
(C) Had
(D) Though

너의 도움이 없었더라면,// 나는 그 일을 끝마칠 수 없었을 거야.

해설 제3 조건문(가정법 과거)에서 If가 생략된 도치구문이므로 u.249쪽 참조

어휘 If it had not been for ~이 없었더라면 assistance 도움. 원조 finish 끝마치다 task 일, 임무, 과업

42

I'll be there at six as scheduled/ _____ the train is late.

(A) besides
(B) if
(C) unless
(D) as

나는 예정대로 6시에 그곳에 도착하게 될 거야/ 기차가 늦지 않는 한.

해설 주절의 내용을 바탕으로 추론하여 '~하지 않는 한'이 가장 자연스러우므로 u.251쪽 참조

어휘 as scheduled 예정대로 besides=in addition=moreover=furthermore=what is more=on top of that 게다가 train 기차 late 늦은, 지각한 as ~할 때, ~때문에, ~함에 따라

43

The plane cannot leave the gate// _____ all passengers are seated.

(A) if
(B) unless
(C) when
(D) as if

비행기는 게이트를 떠날 수 없다.// 모든 승객이 자리에 앉지 않는 한.

해설 주절의 내용을 바탕으로 추론하여 '~하지 않으면, ~하지 않는 한'이 가장 자연스러우므로 u.251쪽 참조

어휘 plane 비행기 leave-left-left 떠나다 passenger 승객 be seated 자리에 앉다

44

_____ the products are packed with extreme care,// they are apt to get broken.

(A) If
(B) Granted that
(C) Unless
(D) While

그 제품들은 지극히 조심스럽게 포장하지 않으면,// 깨지기 쉽습니다.

해설 주절의 내용으로 보아 '~하지 않으면'이 들어가야 하므로 u.251쪽 참조

어휘 product 제품 pack 포장하다 with extreme care 지극히 조심스럽게 be apt(likely, liable, prone, inclined) to ~하기 쉽다 get broken 깨지다 granted that ~하지만, ~한다 하더라도 unless ~하지 않으면 while ~하는 동안에, ~하면서

45

정답 : (B)

_____ we find someone to take over our task,// we won't be able to attend the convention.

(A) If
(B) Unless
(C) Since
(D) As

우리의 일을 떠맡을 사람을 찾지 못하면,// 우리는 총회에 참석할 수 없을 것입니다.

해설 주절의 내용을 바탕으로 추론하여 '~하지 않으면'이 들어가야 하므로 u.251쪽 참조

어휘 take over 떠맡다 task 일, 업무 be able to ~할 수 있다 attend 참석하다 convention 정기 총회, 전당 대회
unless ~하지 않으면, ~하지 않는 한 since=as ~때문에

46

정답 : (C)

All administrative staff/ must attend the weekly meeting// _____ they have their supervisor's written permission to be absent.

(A) otherwise
(B) though
(C) unless
(D) if

모든 행정직원들은/ 주간 회의에 참석해야 한다.// 그들이 결석해도 된다는 감독관의 서면 허락을 받지 않는 한.

해설 주절의 내용으로 보아 '~하지 않는 한'이 들어가야 하므로 u.251쪽 참조

어휘 administrative staff 행정직원 attend 참석하다 weekly meeting 주간 회의 supervisor 감독관 permission 허가
absent 결석한 otherwise 그렇지 않으면 though=although=even though ~이지만 unless ~하지 않는 한

47

정답 : (D)

You should check with the manager,// _____ you might get in trouble/ for making the decision for yourself.

(A) if
(B) unless
(C) in case
(D) otherwise

부장님께 확인해 봐.// 그렇지 않으면 어려움에 처할 수도 있으니까/ 혼자 결정했다는 이유로.

해설 주절에 '어려움에 처할 수도 있다'는 내용이 나오므로 '그렇지 않으면'이 들어가야 함 u.253쪽 참조

어휘 check with ~에게 문의(조회)하다 otherwise 그렇지 않으면 get into trouble 어려움(곤란한 상황)에 처하다
decision 결정 for oneself=on one's own=independently 혼자서 unless ~하지 않는 한 in case ~할 경우를 대비해서

48

정답 : (D)

It is best to keep a record of all checks you have written out, _____ it becomes necessary to substantiate a cancelled check.

(A) if
(B) unless
(C) even though
(D) in case

서면으로 작성한 모든 수표의 기록을 보관하는 것이 가장 좋다.// 취소 된 수표를 입증 할 필요가 있을 경우를 대비하여.

해설 주절을 바탕으로 추론하여 'in case ~할 경우를 대비해서'가 가장 자연스러우므로 u.257/120쪽 참조

어휘 keep 보관하다 record 기록 check 수표 write out 서면으로 작성하다 necessary 필요한
substantiate=confirm=corroborate=endorse=prove=verity=vindicate 입증하다 a cancelled check 취소된 수표

Chapter 9

관계사(49문제)

1 관계대명사(321쪽)와 관계부사(342쪽), 관계대명사 that과 what, 접속사 that(335쪽)를 구별할 수 있어야 합니다.

2 바로 동사가 오면 주격, 명사가 오면 소유격, 주어+타동사가 오면 목적격, 불완전한 절을 유도하면서 선행사가 없으면
what, 뒤에 완전한 절, 즉 문장이 오고 앞에 선행사가 있으면 관계부사를 선택하셔야 합니다.

01

정답 : (A)

The employees _____ volunteered to take the project/ were
dispatched first.

(A) who	(B) they
(C) whose	(D) which

> 그 프로젝트를 맡겠다고 지원한
> 직원들이/ 먼저 파견되었다.

해설 선행사가 사람이고, 주어자리이므로 사람 주격 관계대명사가 와야 함 u.321쪽 참조

어휘 employee 직원 volunteer to ~하겠다고 지원(자원) 하다 take the project 프로젝트를 맡다
dispatch 파견(급송)하다, 신속히 죽이다

02

정답 : (A)

The employees _____ participate in this special training/ will
be promoted first.

(A) who	(B) whose
(C) whom	(D) which

> 이 특별 연수에 참가하는 직원들
> 이/ 먼저 승진할 것이다.

해설 선행사가 사람이고, 주어자리이므로 사람 주격 관계대명사가 와야 함 u.321쪽 참조

어휘 employee 직원 participate(partake) in=take part in 참가하다 special 특별한 training 연수, 훈련 promote 승진시키다

03

정답 : (B)

All the passengers _____ transfer the planes/ should report to
the transfer desk/ immediately upon arrival in New York.

(A) they	(B) that
(C) which	(D) whom

> 비행기를 갈아타는 모든 승객은/
> 환승 창구에 알려야 한다/ 뉴욕
> 에 도착하는 즉시.

해설 선행사가 사람이고, 주어자리이므로 사람 주격 관계대명사가 와야 함 u.321쪽 참조

어휘 passenger 승객 transfer 환승(하다), 갈아타다 plane 비행기 report 알리다 desk 창구, 책상
immediately upon arrival 도착 즉시

04

정답 : (C)

Blue jeans were originally made for people _____ worked outdoors.

(A) whom	(B) they
(C) that	(D) which

> 청바지는 원래 야외에서 일하는
> 사람들을 위해 만들어졌다.

해설 선행사가 사람이고, 주어자리이므로 사람 주격 관계대명사가 와야 함 u.321쪽 참조

어휘 blue jeans 청바지 originally 원래 work 일하다 outdoors 야외에서

05

정답 : (B)

The supervisor knows/ that Mr. Andrew is the only employee _____ labored on the weekend.

(A) he	(B) that
(C) whose	(D) whom

상사는 알고 있다/ Andrew가 주말에 일한 유일한 직원이라는 것을.

해설 선행사가 사람이고, 주어자리이므로 사람 주격 관계대명사가 와야 함 u.321쪽 참조

어휘 supervisor 상사, 감독관 the only 유일한 employee 직원 labor 일하다, 노동하다 on the weekend 주말에

06

정답 : (A)

About 30% of the patients _____ come to the Hanguk Hospital Emergency Room// have only minor injuries.

(A) who	(B) whose
(C) whom	(D) who are

한국병원 응급실에 오는 환자 가운데 약 30%는// 단지 경미한 부상을 갖고 있다.

해설 선행사가 사람이고, 주어자리이므로 사람 주격 관계대명사가 와야 함 u.321쪽 참조

어휘 about=around=approximately=some=roughly 대략 patient 환자 hospital 병원 emergency room 응급실 only 단지, 불과, 겨우 minor 경미한, 시시한 injury 부상, 상처

07

정답 : (A)

Many foreign students _____ from all over the world/ attend this university.

(A) coming	(B) who comes
(C) that has come	(D) come

전 세계에서 온 많은 외국인 학생들이/ 이 대학에 다니고 있다.

해설 주어가 복수이며 이미 attend라는 동사가 있으므로 분사가 되어야 함 u.145쪽 참조

어휘 foreign 외국의 from all over the world 전 세계로부터 attend 다니다, 출석하다 university 종합대학교

08

정답 : (A)

The robots _____ are used in this production facility/ are made in Germany.

(A) which	(B) they
(C) who	(D) what

이 생산 시설에서 사용되는 로봇들은/ 독일에서 만들어진다.

해설 선행사가 사물이고, 주어자리이므로 사물 주격 관계대명사가 와야 함 u.321쪽 참조

어휘 use 사용하다 production facility 생산 시설 make-made-made 만들다 Germany 독일

09

정답 : (D)

The conference _____ was scheduled for next week/ has been postponed.

(A) it
(B) who
(C) whose
(D) that

다음 주로 예정되었던 회의가/ 연기되었다.

해설 선행사가 사물이고, 주어자리이므로 사물 주격 관계대명사가 와야 함 u.321쪽 참조

어휘 conference 회의 be scheduled for ~로 예정되다
postpone=put off=procrastinate=prolong=delay=defer=suspend 연기하다

10

정답 : (A)

The doctor said// that I shouldn't eat anything _____ contains a lot of fat.

(A) that
(B) what
(C) whatever
(D) whichever

의사는 말했다// 나는 지방이 많이 들어 있는 것은 어떤 것도 먹어서는 안 된다고.

해설 선행사가 사물이고, 주어자리이므로 사물 주격 관계대명사가 와야 함 u.321쪽 참조

어휘 should ~해야 한다 contain 포함하다 a lot of fat 많은 지방 whatever ~한 것은 무엇이다
whichever ~한 것은 어느 것이나

11

정답 : (B)

The professor _____ classes many students take/ is going to be on a TV talk show tomorrow.

(A) who
(B) whose
(C) which
(D) his

많은 학생들이 수강하는 그 교수는/ 내일 TV 토크쇼에 출연할 예정이다.

해설 뒤에 명사가 왔으므로 소유격 자리(his classes → whose classes) u.321쪽 참조

어휘 professor 교수 take classes 수강하다 be going to ~할 예정이다 tomorrow 내일

12

정답 : (D)

Jane is the girl/ _____ mother wrote a famous novel.

(A) who
(B) that
(C) her
(D) whose

Jane은 소녀이다/ 어머니가 유명한 소설을 쓴.

해설 뒤에 명사가 왔으므로 소유격 자리(her mother → whose mother) u.321쪽 참조

어휘 write-wrote-written 쓰다 famous=famed=noted=renowned=celebrated=distinguished=well-known 유명한
novel 소설

13

The man _____ position was head of department/ has been promoted to executive director.

(A) who
(B) whose
(C) whom
(D) that

자신의 직책이 부장이었던 사람이/ 전무이사로 승진되었다.

해설 뒤에 명사가 왔으므로 소유격 자리(his position→whose position) u.321쪽 참조

어휘 position 직책, 위치 head of department 부장 promote 승진(증진)시키다. 홍보하다 executive director 전무이사

14

정답 : (B)

Any analyst _____ research paper is chosen for publication in a journal// will be granted more benefits.

(A) who
(B) whose
(C) whom
(D) which

연구 논문이 저널에 게재되도록 선정되는 분석가는 누구나// 더 많은 혜택(수당)을 받게 될 것이다.

해설 뒤에 명사가 왔으므로 소유격 자리(his research paper → whose research paper) u.321쪽 참조

어휘 analyst 분석가 research paper 연구 논문 choose-chose-chosen 선정(선발, 선택)하다 publication 발표, 게재, 출판 journal 학회 간행물, 정기 간행물, 잡지, 신문 grant 수여하다. 주다, 승낙하다 benefit 혜택, 수당, 이득, 연금

15

정답 : (B)

The greatest writer _____ I have ever met/ was Neil Smith.

(A) who
(B) that
(C) which
(D) whose

내가 지금까지 만난 가장 위대한 작가는/ Neil Smith였다.

해설 선행사가 사람이며, 주어+타동사가 왔으므로 사람 목적격이 와야 함 u.321/328쪽 참조

어휘 the greatest 가장 위대한 writer 작가

16

정답 : (C)

The accountant _____ I believed to be honest/ deceived me.

(A) whose
(B) what
(C) whom
(D) which

내가 정직하다고 믿었던 그 회계사가/ 나를 속였다.

해설 선행사가 사람이며, 주어+타동사가 왔으므로 사람 목적격이 와야 함 u.321/329쪽 참조

어휘 accountant 회계사 believe 믿다 honest 정직한 deceive=cheat=dupe=trick=swindle=fool=take advantage of 속이다

17

정답 : (B)

Soccer is the sport _____ I like the most,

(A) who
(B) that
(C) whom
(D) whose

축구는 내가 가장 좋아하는 스포츠야.

해설 선행사가 사물이며, 주어+타동사가 있으므로 사물 목적격이 와야 함 u.321쪽 참조

어휘 soccer 축구 sport 스포츠, 경기, 운동 like the most 가장 좋아하다

18

정답 : (B)

He managed to get an appointment with the executive director, _____ was very busy.

(A) that   (B) who

(C) which   (D) what

그는 전무이사와 겨우 약속을 잡았다. 왜냐하면 그가 무척 바빴기 때문에.

해설 선행사가 사람이고, 주어자리이며 계속적 용법이므로 u.321/323쪽 참조

어휘 manage to 겨우 ~하다 get an appointment with ~와 약속을 잡다 executive director 전무이사 busy 바쁜

19

정답 : (A)

Depp divorced his wife,/ _____ accused the actor/ of persistent verbal and physical abuse.

(A) who   (B) that

(C) she   (D) whom

Depp은 그의 아내와 이혼했다.// 그런데 그녀는 그 배우(Depp)를 고소했다/ 지속적인 언어 및 신체적 학대 혐의로.

해설 선행사가 사람이고, 주어자리이며 계속적 용법이므로 u.321/323쪽 참조

어휘 divorce 이혼하다 accuse A of B A를 B의 혐의로 고소하다(u.78) actor 남자 배우 persistent 지속적인 verbal 언어적인 physical abuse 신체적 학대 John Christopher Depp II 미국인 배우 이름

20

정답 : (C)

Please deliver the equipment to Ms. Jackson, _____ is in charge of the personnel department.

(A) he   (B) which

(C) who   (D) that

그 장비를 Jackson씨에게 배달해 주세요.// 그가 인사를 담당하고 있거든요.

해설 선행사가 사람이고, 주어자리이며 계속적 용법이므로 u.321/323쪽 참조

어휘 deliver 배달하다 equipment 장비 be in charge of=take charge of 책임지다, 담당하다 personnel department 인사부

21

정답 : (B)

The chairman comes from Columbia,// _____ is a Spanish speaking country located in South America.

(A) that   (B) which

(C) who   (D) what

의장은 컬럼비아 출신인데, 그 나라는 남미에 위치하고 있는 스페인어를 사용하는 나라이다.

해설 선행사가 사물이고, 주어자리이며 계속적 용법이므로 u.321/323/324쪽 참조

어휘 chairman 의장, 회장 Spanish speaking country 스페인어를 사용하는 나라 be located in ~에 위치하다 South America 남미

22

Susan dressed carelessly to work,/ _____ drew unfavorable attention of the boss.

(A) that	(B) while
(C) what	(D) which

> Cathy는 아무렇게나 옷을 입고 출근했다./ 그런데 그것이 상사의 비우호적인(좋지 못한) 관심을 끌었다.

해설 앞 문장 전체가 선행사이고 comma가 있는 계속적 용법이므로 u.321/323/324쪽 참조
어휘 carelessly 아무렇게나 draw-drew-drawn 끌다, 당기다 unfavorable 비우호적인 attention 관심, 주의

23

Students were told to stay at home/ on the day the snowstorm was expected,// _____ was regarded as good advice.

(A) who	(B) which
(C) what	(D) that

> 학생들은 집에 머물러 있으라는 말을 들었다/ 눈보라가 예상되는 날에.// 그리고 그것은 좋은 충고로 간주되었다.

해설 앞 문장 전체가 선행사이고 comma가 있는 계속적 용법이므로 u.321/323/324쪽 참조
어휘 stay at home 집에 머무르다 snowstorm 눈보라 expect 예상하다 regard 간주하다 advice 충고

24

The restaurant experienced several outbreaks of food poisoning,// _____ is why it lost many of its regular customers.

(A) that	(B) what
(C) which	(D) whichever

> 그 식당은 여러 차례 식중독이 발생하는 일을 겪었다.// 그로 인해 그 식당은 많은 단골손님을 잃었다.

해설 앞 문장 전체가 선행사이고 comma가 있는 계속적 용법이므로 u.321/323/324쪽 참조
어휘 experience 겪다 several outbreak 여러 차례의 발생 food poisoning 식중독 lose-lost 잃다 regular customer 단골손님

25

The investment products of Sunrise Financial, _____ clients are mostly young executives,// have been highly profitable for many years.

(A) that	(B) who
(C) whose	(D) which

> 고객이 대부분 젊은 임원인 Sunrise Financial(미국의 투자은행)의 투자 상품은// 수년간 높은 수익률을 보여 왔다.

해설 뒤에 명사가 왔으므로 소유격 자리(its clients → whose clients) u.321쪽 참조
어휘 investment product 투자 상품 client 고객 mostly 대부분, 주로 executive 임원, 중역 highly 대단히 profitable 수익성 있는

26

정답 : (B)

There are plenty of snack bars in Paris,// _____ serve excellent food.

(A) many of them
(B) many of which
(C) many of who
(D) many of whom

| 파리에는 스낵바가 많이 있는데.// 그 중 많은 것들이 훌륭한 음식을 제공한다. |

해설 선행사가 사물이고, 전치사 다음에는 목적격이 와야 하므로 u.326쪽 참조

어휘 plenty of=a lot of=lots of 많은 serve 제공하다 excellent 훌륭한 food 음식

27

정답 : (B)

The catering company employs more than 1,000 people,// most of _____ are Mexican Americans.

(A) who
(B) whom
(C) them
(D) which

| 그 음식물 조달 회사는 1,000명이 넘는 직원을 고용하고 있는데,// 그들 대부분은 멕시코계 미국인이다. |

해설 선행사가 사람이며 전치사 뒤에는 목적격이 오므로 u.326쪽 참조

어휘 catering company 음식물 조달 회사 employ 고용하다 most 대부분 Mexican Americans 멕시코계 미국인

28

정답 : (D)

The new medicine was developed by six scientists,// most of _____ had participated directly in the research.

(A) who
(B) which
(C) them
(D) whom

| 그 신약은 6명의 과학자들에 의해 개발되었는데,// 그들 대부분은 그 연구에 직접 참여하였다. |

해설 선행사가 사람이며 전치사 뒤에는 목적격이 오므로 u.326쪽 참조

어휘 new medicine 신약 develop 개발하다 scientist 과학자 most 대부분 participate directly in ~에 직접 참여하다 research 연구

29

정답 : (D)

The man to _____ Linda spoke/ was her Spanish teacher.

(A) who
(B) that
(C) whose
(D) whom

| Linda가 말을 건넨 그 남자는/ 그녀의 스페인어 선생님이었다. |

해설 전치사 다음에는 목적격이 오므로 u.327/321쪽 참조

어휘 speak to ~에게 말을 건네다 Spanish 스페인어

30

This is the course/ in _____ we learned the history of England.

(A) where
(B) that
(C) which
(D) who

이것이 과정이다/ 우리가 영국의 역사를 배운.

해설 전치사 다음에 목적격이 오며 사물이므로 u.321/327쪽 참조
어휘 course 과정 learn 배우다 history 역사

31

This is the manual book/ _____ every employee is talking these days.

(A) about
(B) about which
(C) which
(D) which about

이것이 사용설명서입니다/ 요즘 모든 직원들이 이야기하는.

해설 every employee is talking about it(the manual book).에서 about it를 about which로 전환한 문장 u.321/327쪽 참조
어휘 manual book 사용 설명서 every employee 모든 직원 talk about ~에 대해 얘기하다 these days=nowadays 요즘

32

The subject _____ I am interested/ is Business Administration.

(A) in that
(B) in which
(C) for which
(D) in what

내가 관심 있는 과목은/ 경영학이다.

해설 I am interested in it(the subject).에서 in it를 in which로 전환한 문장. 전치사 뒤에 that은 올 수 없음 u.321/327쪽 참조
어휘 subject 과목 be interested in ~에 관심 있다 Business Administration 경영학

33

The good luck _____ he owed his success/ was more than he had expected.

(A) which
(B) of which
(C) to which
(D) to that

그가 성공의 덕을 입은 행운은 [그의 성공의 원인이 되었던 행운은]/ 기대했던 것 이상이었다.

해설 owe A to B: A는 B의 덕택이다 u.327/80쪽 참조
어휘 good luck 행운 success 성공 more than 이상 expect 기대하다, 예상하다

34

정답 : (D)

The physician _____ Mr. Taylor talked/ was very helpful/ in his recovering from the illness.

(A) to that
(B) to who
(C) whom
(D) to whom

Taylor씨가 상담한 그 내과 의사는/ 큰 도움이 되었다/ 그가 병으로부터 회복하는 데.

해설 전치사 다음에 that이 올 수 없으며, 목적격 whom이 와야 하므로 u.321/327쪽 참조

어휘 physician 내과 의사 talk to ~와 상담하다 helpful 도움이 되는 recover 회복하다 illness 질병

35

정답 : (D)

When writing work e-mails,// always ensure// that the name of the recipient _____ the correspondence is addressed/ is spelled correctly.

(A) which
(B) that
(C) to which
(D) to whom

업무용 이메일을 쓸 때는// 항상 확인하세요// 서신이 전달되는 수신인의 이름이 철자가 정확하게 되어 있는지.

해설 선행사가 사람이고 '~에게 전달되다'가 'be addressed to' 이므로 u.321/327쪽 참조

어휘 ensure 확인하다 recipient 수신인 correspondence 서신 address A to B: A를 B에게 보내다
correctly 정확하게 spell 철자를 쓰다

36

정답 : (D)

The sales manager said// _____ he would send us no more reports.

(A) when
(B) what
(C) how
(D) that

판매부장은 말했다/ 우리에게 더 이상 보고서를 보내지 않겠다고.

해설 뒤에 완전한 절, 즉 타동사의 목적절을 이끄는 접속사가 필요하므로 u.335/303쪽 참조

어휘 sales manager 판매부장 no more 더 이상 ~하지 않다 report 보고서

37

정답 : (C)

In order to comprehend _____ corporate clients need,// you must put yourself in their shoes.

(A) that
(B) which
(C) what
(D) why

회사의 고객들이 무엇을 필요로 하는지 이해하기 위해서는,// 그들의 입장에 서봐야 한다.

해설 목적어로서 문맥상 '무엇'이 들어가야 하므로 u.335/206쪽 참조

어휘 in order to=so as to=with intent to~ing=with a view to~ing ~하기 위해서 corporate 회사의 client 고객
comprehend=understand=make(figure) out=make sense of 이해하다
put oneself in someone's shoes ~의 입장에 서보다

38

_____ we had done for the last six months/ was a great achievement.

(A) That
(B) What
(C) When
(D) Where

우리가 지난 6개월 동안 했던 일은/ 위대한 성취였다.

해설 주어 역할을 하면서 동시에 선행사를 포함하고 있는 관계대명사가 필요하므로 u.335쪽 참조

어휘 do-did-done 하다 for the last sex months 지난 6개월 동안 a great achievement 위대한(대단한) 성취

39

_____ they all have in common/ is that their loose lips cost them their dream jobs.

(A) That
(B) Which
(C) What
(D) Why

그들 모두가 공통적으로 갖고 있는 것은/ 그들의 가벼운 입이 그들의 꿈의 직장을 잃게 만들었다는 것이다.

해설 주어 역할을 하면서 동시에 선행사를 포함하고 있는 관계대명사가 필요하므로 u.335쪽 참조

어휘 have in common 공유하다, 공통적으로 갖다 loose lips 가벼운 입, 수다스러움 cost 희생시키다, 잃게 하다 dream 꿈

40

_____ happens in a particular period/ does not have any significant effects/ on the long-term investors in the stock market.

(A) That
(B) What
(C) Which
(D) Anything

특정 기간에 일어나는 일은/ 아무런 큰 영향을 미치지 않습니다/ 주식 시장의 장기 투자자들에게.

해설 주어 역할을 하면서 동시에 선행사를 포함하고 있는 관계대명사가 필요하므로 u.335쪽 참조

어휘 happen=take place=come about=come to pass 발생하다, 일어나다 particular period 특정한 기간
have significant effects on 중대한 영향을 끼치다 long-term 장기적인 investor 투자자 stock market 주식 시장

41

Although most workers would like to be in a managerial position, few understand _____ this extra responsibility actually involves.

(A) that
(B) which
(C) of which
(D) what

대부분의 근로자들이 관리직에 들어가고 싶어 하지만, 이 추가적 책임이 실제로 무엇을 수반하고 있는지 이해하는 사람은 거의 없다.

해설 목적어로서 문맥상 '무엇'이 들어가야 하므로 u.335쪽 참조

어휘 although=though=even though 비록 ~하지만 would like to ~하고 싶어 하다 a managerial position 관리직
few 거의 없는 understand=comprehend 이해하다 extra 추가적, 여분의 responsibility 책임
actually 실제로 involve 수반하다

42

정답 : (B)

Recent economic indicators suggest// _____ private spending,/ slowly recovering from a three-year slump,/ is gaining momentum.

(A) for
(B) that
(C) what
(D) how

최근의 경제 지표들은 시사한다// 개인의 소비가,/ 3년간의 침체에서 서서히 회복되면서,/ 탄력을 받고 있음을.

해설 뒤에 완전한 절, 즉 문장이 들어 있으며 목적절을 이끄는 접속사 자리이므로 u.335쪽 참조

어휘 recent 최근의 economic indicators 경제지표 suggest 시사하다 private 개인의 spending 소비 recover from ~로부터 회복하다 slump 경기 침체 gain=obtain=acquire=come by 얻다 momentum 동력, 추진력, 탄력

43

정답 : (A)

We anticipate// _____ the first phase of the project/ will take approximately three weeks to complete.

(A) that
(B) which
(C) What
(D) when

우리는 예상한다// 그 프로젝트의 첫 단계는 완성하는 데 약 3주 걸릴 것이라고.

해설 뒤에 완전한 절, 즉 문장이 들어 있으며 목적절을 이끄는 접속사 자리이므로 u.335쪽 참조

어휘 anticipate 예상하다 phase=stage 단계 approximately=about=around=some=roughly 대략 complete 완성하다

44

정답 : (D)

Google notified users// _____ it would restrict access/ on certain search terms.

(A) when
(B) what
(C) which
(D) that

구글은 사용자들에게 통보했다// 접속을 제한하겠다고/ 특정한 검색 용어에 대해서.

해설 뒤에 완전한 절, 즉 문장이 들어 있으며 목적절을 이끄는 접속사 자리이므로 u.335쪽 참조

어휘 notify 통지(공고, 발표)하다 restrict 제한하다 access 접속, 접근 certain 특정한, 일정한 term 용어, 조건, 조항, 사이, 임기

45

정답 : (A)

The name of the company/ illustrates my belief// _____ sign language is a fascinating form of communication.

(A) that
(B) what
(C) when
(D) which

회사의 이름은/ 나의 믿음을 보여준다.// 수화가 매력적인 형태의 의사소통이라는 (나의 믿음을).

해설 뒤에 완전한 절, 즉 문장이 들어 있으며 앞에 명사 belief가 있으므로 동격 접속사가 필요함 u.335쪽 참조

어휘 company 회사 illustrate 설명하다, 삽화를 통해 보여주다 belief 믿음 sign language 수화 fascinating=attractive=alluring=charming=captivating=enchanting=enticing 매력적인 communication 의사소통

46

December 24th is the date _____ we meet every year.

(A) on which   (B) in which

(C) by which   (D) where

12월 24일은 우리가 매년 만나는 날이다.

해설 날짜 앞에는 on이 오므로 on which나 when을 사용해야 함 u.342쪽 참조

어휘 December 12월 date 날짜 every year=year in and year out=annually 매년

47

The hotel _____ we stayed/ was built 50 years ago.

(A) there   (B) that

(C) which   (D) where

우리가 숙박했던 호텔은/ 50년 전에 지어졌다.

해설 stay가 자동사이므로 at which나 where를 사용해야 함 u.343쪽 참조

어휘 stay at ~에 머무르다, 묵다, 숙박하다

48

The apartment _____ Mr. Carter lives/ is not very large.

(A) that   (B) there

(C) where   (D) when

Carter씨가 사는 아파트는/ 그다지 크지 않다.

해설 live가 자동사이므로 in which나 where를 사용해야 함 u.343쪽 참조

어휘 live in ~에서 살다 large 큰

49

The Immigration Museum is located in the historic immigration station complex, _____ thousands of immigrants were processed before entering the United States.

(A) which   (B) when

(C) where   (D) there

이민 박물관은 역사적으로 중요한 이민국 단지에 위치해 있는데.// 그곳에서 수많은 이민자들이 절차를 밟았다/ 미국에 입국하기 전에

해설 앞에 '이민국 단지'라는 장소가 오고, 뒤에 완전한 문장이 왔으므로 장소 관계부사 'where'자리 u.343쪽 참조

어휘 The Immigration Museum 이민 박물관 be located(situated) in ~에 위치하다 historic 역사적으로 유명한, 유서 깊은 immigration station complex 이민국 단지 thousands of 수많은 immigrant 이민자 process 처리하다 the United States 미국

GRAMMAR SECTION (제한 시간 20분)

1 시제와 가정법에서 가장 많이 출제 됩니다.

2 문장 속 홍색으로 씌워놓은 부분이 힌트이니 실전에서 반드시 좌우를 살펴서 힌트를 놓치지 않도록 하세요.

3 문장 해석과 정리되어 있는 어휘도 읽어보면서 습득하면 독해에 많은 도움이 됩니다.

The following items need a word or words to complete the sentence. From the four choices for each item,// choose the best answer. Then blacken in the correct circle on your answer sheet.

다음 항목은 문장을 완성하기 위해 단어나 단어들을 필요합니다. 각 항목에 대한 네 가지 선택 중에서,// 가장 적합한 답을 선택하십시오. 그런 다음 답안지의 정확한 원에서 검게 칠하세요.

01
정답 : (b)

A police car got to the accident scene in a little while. Two officers interviewed the drivers _____ in the accident.

(a) involving

(b) involved

(c) who involved

(d) to be involved

경찰차가 조금 있다가 사고 현장에 도착했다. 두 명의 경찰관이 사고와 관련된 운전자들을 인터뷰했다.

해설 운전자들이 사고에 연루되므로 수동(과거분사)이 되어야 함 u.134쪽 참조

어휘 A police car 경찰차 get to=arrive at=reach 도착하다 the accident scene 사고 현장 in a little while 잠시 후 be involved(implicated) in the accident 사고에 연루(관련)되다

02
정답 : (b)

My boss was displeased by the delay in the project. He wanted it _____ right away.

(a) completing

(b) completed

(c) to be completing

(d) which is completed

나의 상사는 그 프로젝트가 지연되어 불쾌해했다. 그는 그것이 즉시 완성되기를 원했다.

해설 그것이 완성되므로 수동태(과거분사)가 되어야 함 u.150쪽 참조

어휘 boss 상사 be displeased by ～에 불쾌해 하다 delay 지연, 지체 complete 완성하다 right away=at once=off hand 즉시

03
정답 : (c)

The printer is broken again. We will not be able to print out any materials until the technician has the machine _____ properly.

(a) functions

(b) to function

(c) functioning

(d) is functioning

프린터가 또 고장났다. 기술자가 그 기계를 올바르게 작동시킬 때까지는 자료를 출력할 수 없다.

해설 기계가 계속 작동하는 상태가 되어야 하므로 ing u.150쪽 참조

어휘 be broken 고장나다 be able to ～할 수 있다 print out 출력하다 materials 자료 technician 기술자 function 작동하다 properly 적절히, 올바르게, 똑바로

04

Sophia borrowed her older brother Freddie's car/ and promised to take good care of it. However, she unexpectedly bumped a lamppost// while backing out of the garage. Therefore, she _____ the car to the repair shop/ for repairs/ this afternoon// before returning it to her brother.

(a) will bring

(b) bringing

(c) was brought

(d) will be brought

소피아는 오빠 프레디의 차를 빌리고/ 잘 관리하겠다고 약속했다. 하지만, 그녀는 예기치 않게 가로등을 부딪쳤다/ 차고에서 후진하다가. 그래서 그녀는 차를 가지고 수리점에 갈 예정이다/ 수리를 위해서/ 오늘 오후에// 오빠에게 돌려주기 전에.

해설 오늘 오후는 미래이므로 u.83/87/88쪽 참조

어휘 borrow 빌리다 older brother 오빠 promise 약속하다 take good care of 잘 관리(보관)하다 however 그러나 unexpectedly 예기치 않게 bump 충동하다, 부딪치다 lamppost 가로등 while ~하다가, ~하는 동안 back 후진하다 out of ~로 부터 garage 차고 therefore=so=thus 그래서 repair shop 수리점 this afternoon 오늘 오후 return 돌려주다

05

Isabelle was only six years old// when her father, an army major, was assigned to India. He took the whole family/ to live in a military camp in New Delhi. Now in her 30s,/ Isabelle says// that she had an enjoyable childhood there,/ and _____ she remembers most/ was going downtown/ to watch the sacred cows roam freely on the streets.

(a) how

(b) what

(c) who

(d) when

이사벨이 겨우 6살이었을 때/ 육군 소령이었던 그녀의 아버지가 인도로 배치되었다. 그는 온 가족을 데리고 갔다/ 뉴델리에 있는 군 캠프에서 살기 위하여. 이제 30대인/ 이사벨은 말한다// 그곳에서 즐거운 어린 시절을 보냈다고,// 그리고 그녀가 가장 기억하고 있는 것은/ 시내로 가는 것이었다고/ 성스러운 소들이 거리를 자유롭게 배회하는 것을 보기 위해서.

해설 remember의 목적어이면서 was의 주어가 되려면 선행사가 포함된 관계대명사가 필요하므로 u.335/80/189/152쪽 참조

어휘 only 겨우, 불과 army major 군 소령 assign 배정(배치, 할당)하다 take-took-taken 데리고 가다 a military 군대의 in one's 30s 30대에 있는 enjoyable 즐거운 childhood 어린 시절 downtown 시내, 중심가 sacred 성스러운 roam 배회하다

06

The Clean Seas Optimists spokesperson, Amanda Watts,/ said// that plastic is both a gift and a curse to humankind. It obviously benefits industries and consumers/ as packaging material/ _____ posing a threat to wildlife.

(a) however

(b) while

(c) so

(d) nonetheless

Clean Seas Optimists 대변인 Amanda Watts는/ 말했다/ 플라스틱이 인류에게 선물이자 저주라고. 그것은 분명 이득을 준다/ 산업과 소비자에게/ 포장재로서/ 야생 동식물에게 위협을 가하는 동시에.

해설 뒤에 ing를 취할 수 있는 유일한 접속사이며, '~하면서'의 뜻이므로 u.106/335/128/110쪽 참조

어휘 spokesperson 대변인 both A and B: A와 B 둘 다 gift 선물 curse 저주 humankind 인류 obviously 분명히, 명백히 benefit 이익을 주다 industry 산업 consumer 소비자 packaging material 포장재 pose 야기하다 threat 위협 wildlife 야생 동식물 however 그러나 therefore=thus 그러므로 nevertheless=nonetheless=regardless 그럼에도 불구하고

07

정답 : (c)

My parents will celebrate their 30th wedding anniversary at the end of this month, so I am planning to give them a surprise party. That is why I _____ a function room at Bonefish Grill, their favorite restaurant.

(a) were reserved

(b) would be reserved

(c) will be reserving

(d) will be reserved

부모님은 이달 말에 30번째 결혼 기념일을 기념할 예정이다. 그래서 나는 그분들에게 깜짝 파티를 열어드릴 계획이다. 그렇기 때문에 나는 부모님이 가장 좋아하는 레스토랑인 Bonefish Grill에서 연회실을 예약 할 예정이다.

해설 미래의 예정된 계획을 나타낼 때는 미래진행형 시제이므로 u.96쪽 참조

어휘 parents 부모 celebrate 경축(축하, 찬양, 공표, 개최, 기념)하다 wedding anniversary 결혼기념일 so=therefore 그래서 be planning(supposed, scheduled) to ∼할 예정이다 give a surprise party 깜짝 파티를 열다 That is why 그렇기 때문에 reserve 예약하다 function room 연회실 favorite 가장 좋아하는 restaurant 식당, 레스토랑

08

정답 : (a)

Mr. Samuel Chavez, our client from Spain,/ was impressed// when Ms. Rose Kim presented our marketing plan to him/ in fluent Spanish. He didn't know// that she _____ advanced Spanish language classes in college.

(a) had taken

(b) were taken

(c) has been taken

(d) had been taking

스페인 출신의 고객인 새뮤얼 차베스 씨는/ 감동을 받았다// 로즈 김씨가 우리의 마케팅 계획을 그에게 소개했을 때/ 유창한 스페인어로. 그는 몰랐다// 그녀가 대학에서 스페인어 고급 과정을 수강했다는 사실을.

해설 그가 몰랐던 것 보다 Rose Kim이 스페인어를 수강한 것은 더 먼저 일어났으므로 대과거 u.83/93쪽 참조

어휘 client 고객 be impressed 감동을 받다 present 소개(발표, 제시)하다 plan 계획 fluent 유창한 take 수강하다 advanced 고급의 Spanish language class 스페인어 수업 in college 대학 재학 시절

09

정답 : (b)

Anthony Ferris/ has an extraordinary background/ for a museum curator. He does not have a degree in art history/ and has never been employed full-time by an art institution. Nevertheless,// he was hired by an experimental art museum/ and _____ as its co-director for several years now.

(a) would be working

(b) has been working

(c) had been worked

(d) was working

Anthony Ferris는/ 특별한 배경을 가지고 있다/ 박물관장치고는. 그는 미술사 학위를 가지고 있지 않으며/ 미술 기관에 정규직으로 고용된 적이 없다. 그럼에도 불구하고.// 그는 실험 미술관에 고용되었고/ 현재 몇 년째 공동 관장으로 일하고 있다.

해설 과거부터 지금까지 일하고 있으므로 현재 완료 진행형 u.83/97/393쪽 참조

어휘 extraordinary 특별한, 유별난 background 배경 for a museum curator 박물관장치고는 degree in art history 미술사 학위 employee=hire 고용하다 full-time 정규직으로 art institution 미술 기관 nevertheless=nonetheless 그럼에도 불구하고 experimental art museum 실험 미술관 co-director 공동 관장 for several years 몇 년 동안

10

정답 : (a)

Regular medical checkups are important// because they help to identify health problems early. For that reason, experts recommend// that people _____ their doctors regularly/ to have their health checked.

(a) visit

(b) visits

(c) visited

(d) will visit

정기적인 건강 검진은 중요하다// 왜냐하면 그것들은 건강 문제를 조기에 확인하는데 도움을 주기 때문에,// 그러한 이유로 전문가들은 권장한다// 사람들에게 의사를 정기적으로 방문할 것을/ 그들의 건강을 검사받기 위하여

해설 recommend다음 that절에서 가정법 현재, 즉 원형동사가 오므로 u.244/150/189쪽 참조

어휘 regular 정기적인, 규칙적인 medical checkup 건강 검진 identify 밝히다, 확인하다 health problem 건강 문제 early 일찍 for that reason 그런 이유로 expert 전문가 recommend 권장하다 regularly 정기적으로 have one's health checked 건강 검진을 받다

11

정답 : (d)

William Danner, the multi-awarded newspaperman,/ often tells campus journalists// that truly balanced news reporting is not easy. Nevertheless,// he challenges them/ to make every effort/ to achieve that balance in campus as well as in their later careers. He says// _____ deliver the fair and truthful reporting/ the reading public expects.

(a) that they may

(b) that they have

(c) that they were

(d) that they must

여러 상을 수상한 신문 기자인 윌리엄 대너는,/ 종종 캠퍼스 언론인들에게 말한다// 진정으로 균형 잡힌 뉴스 보도는 쉽지 않다고. 그렇지만,// 그는 그들에게 요구한다/ 모든 노력을 기울이라고/ 캠퍼스에서도 그 균형을 이루도록/ 이후의 경력에서뿐만 아니라. 그는 말한다// 그들(대학 언론인)이 공정하고 진실한 보도를 보도해야 한다고/ 읽는 대중들이 기대하는 (공정하고 진실한 보도를).

해설 본동사 deliver앞이므로 조동사가 와야 하며, 앞에 요구하다(challenge)가 있는 것으로 보아 '~해야 한다'가 자연스러우므로 u.217/335/393/76/189/128쪽 참조

어휘 multi-awarded 여러 가지 상을 수상한 newspaperman 신문 기자 often 종종 journalist 언론인 truly 진정 balanced 균형잡힌 news reporting 뉴스 보도 nevertheless=nonetheless 그렇지만, 그럼에도 불구하고 challenge 요구하다 make every effort 모든 노력을 기울이다 achieve=accomplish=attain 성취(달성)하다 B as well as A: A뿐만 아니라 B도 later career 이후의 경력 deliver 전달(배달)하다 fair 공정한 truthful 진실한, 올바른, 정직한 reporting 보도 the public 대중 expect 기대하다

12

정답 : (c)

Mr. Wilson plays the lottery regularly. He tells acquaintances// that if he won the jackpot,/ he _____ half of the prize to them.

(a) distributed

(b) will distribute

(c) would distribute

(d) would have distributed

윌슨 씨는 정기적으로 복권을 한다. 그는 지인들에게 말한다// 만약 그가 대박을 맞으면,/ 그는 상금의 절반을 그들에게 나누어 주겠다고.

해설 제2 조건문, 즉 if 절이 과거시제이므로, 귀결절도 조동사의 과거시제가 되어야 함 u.235쪽 참조

어휘 play the lottery 복권을 하다 regularly=on a regular basis 규칙적으로 acquaintances 지인 win the jackpot 대박을 맞다 half 절반 prize 상금 distribute 나누어주다

13

Jane was surprised// to learn that her daughter could follow the tunes of a song by listening to it just once. Her daughter,/ _____
_____,/ seems to have a natural talent for music.

(a) that is only five years old   (b) who is only five years old

(c) when she is five years old only   (d) why is she only five years old

제인은 놀랐다// 자신의 딸이 딱 한 번만 듣고도 노래의 곡조를 따라할 수 있다는 것을 알고. 그녀의 딸은/ 겨우 다섯 살이지만/ 음악에 천부적인 재능을 갖고 있는 것 같다.

해설 선행사가 her daughter라는 사람이며 계속적 용법이므로 that을 사용할 수 없고 who를 써야 함 u.323쪽 참조

어휘 surprised 놀란 learn 알다, 배우다 daughter 딸 follow 따라하다, 따라가다 tune 곡, 선율 just once 딱 한 번 seem to ~인 것 같다 a natural talent for music 음악에 대한 천부적인 재능

14

Marian Jennings has a very powerful voice. Very few of her contemporaries know// that she _____ in the finest opera houses of London/ as a professional singer/ in her own right.

(a) perform   (b) used to perform

(c) had been performed   (d) will be performed

Marian Jennings는 매우 강력한 목소리를 갖고 있다. 그녀의 동시대인들 가운데 알고 있는 사람은 거의 없다// 그녀가 런던 최고의 오페라 하우스에서 공연했었다는 것을/ 전문 가수로서/ 자신의 노력으로.

해설 목적어가 없는 자동사로서 수동태가 될 수 없으며 'used to'가 「~했었는데 지금은 아니다」의 뜻이므로 u.223쪽 참조

어휘 powerful 강력한 voice 목소리 very few 거의 없는 contemporaries 동시대인들 perform 공연하다 the finest 가장 훌륭한 professional singer 전문 가수 in one's own right=through one's own talents or efforts 자신의 재능이나 노력으로

15

Lucy loves to play compact discs on her laptop. However,// she often forgets/ to take out the discs/ from the CD-ROM drive// after playing them. When her brother Stephen, a computer engineer, found out about this,// he said// that Lucy _____ both the discs and the CD-ROM unknowingly.

(a) was damaged   (b) could be damaged

(c) had been damaging   (d) would have damaged

루시는 그녀의 노트북에서 CD을 트는 것(재생하는 것)을 좋아한다. 그러나/ 그녀는 종종 잊어버린다/ 디스크를 꺼내는 것을/ CD-ROM 드라이브에서//그것들을 재생한 후에. 컴퓨터 엔지니어인 그녀의 오빠 스티븐이 이에 대해 알았을 때,// 그는 말했다// 루시가 자신도 모르게 디스크와 CD-ROM을 모두 손상시켜오고 있었다고.

해설 목적어가 있으므로 능동이며, 그녀의 오빠가 말하기 전부터 계속 손상시켜왔으므로 u.83/97/167/335/128쪽 참조

어휘 laptop 노트북 컴퓨터 however 그러나 often 종종 forget 잊어버리다 take out 꺼내다 find out 발견하다, 알아내다 damage 손상시키다 both A and B: A와 B 둘 다 unknowingly 자기도 모르게

16

정답 : (c)

Henry creates various wooden figurines/ and sells them for extra income. He can make about four of them every two days. It is estimated that he probably _____ at least 14 new woodcarvings by the end of next week.

(a) makes
(b) will be made
(c) will have made
(d) would be making

헨리는 다양한 목조 인형을 만들어/ 부수입을 위해 판매한다. 그는 이틀에 4개 정도를 만들 수 있다. 그는 아마도 다음 주 말까지 적어도 14개의 새로운 목제조각을 만들 것으로 추정된다.

해설 다음 주 말까지 14개가 완성되므로 미래완료 시제(will+have+p.p) u.83/95쪽 참조

어휘 create 만들다, 창조하다 various=diverse=a variety(diversity) of 다양한 wooden 나무로 된 figurine 작은 조각상 sell-sold-sold 판매하다 extra income 부수입 about=around=approximately=some=roughly=or so 대략 every two days=every other day=every second day 이틀마다 estimate 추정하다, 어림잡다 probably =possibly=maybe 아마 at least=at the least=at the very least=at the minimum =not less than 최소한, 적어도 woodcarving 목각 by ~까지, ~무렵

17

정답 : (a)

Montand's editor/ sent him to Leningrad/ to start writing an article about trends in dressing/ during the Alexandrian period. He thought// the topic was uninteresting// until he saw the magnificent Russian costumes/ at the city's museums. Afterwards,// he became so excited// that he sent the finished article to his editor// _____ he was still in Leningrad.

(a) while
(b) so
(c) that
(d) but

Montand의 편집자는/ 그를 레닌그라드로 보냈다/ 옷차림의 추세에 관한 기사를 쓰기 시작하도록/ 알렉산더 대왕 시대의. 그는 생각했다// 그 주제는 재미없다고// 그가 웅장한 러시아 의상을 볼 때까지는/ 그 도시의 박물관에서. 그 후(의상을 본 후),// 그는 너무 흥분하여// 완성된 기사를 그의 편집자에게 보냈다.// 레닌그라드에 여전히 머물러 있으면서.

해설 문맥상 '머물러 있으면서 완성된 기사를 보냈다'가 가장 자연스러우므로 u.106/207쪽 참조

어휘 editor 편집자 send-sent-sent 보내다 article 기사, 조항, 항목, 품목 trends in dressing 옷차림의 추세 during 동안에 the Alexandrian period 알렉산더 대왕 시대 uninteresting=tedious=dull 재미없는 magnificent 장엄한 costume 의상, 복장 museum 박물관 so ~that 너무 ~해서 excited 신이 난, 흥분한 finished 완성된, 마무리 된

18

정답 : (b)

Edward is going to Washington/ to study applied physics. He will stay there for four years// until he finishes the course. He tells his acquaintances// that when he comes back to Los Angeles,/ he _____ a degree in physics.

(a) will take
(b) will have taken
(c) would have taken
(d) would be taken

에드워드는 워싱턴으로 갈 예정이다/ 응용물리학을 공부하기 위해. 그는 그곳에 4년 동안 머무를 예정이다// 그가 그 과정을 마칠때까지. 그는 지인들에게 말한다// 자신이 로스앤젤레스로 돌아올 때는/ 물리학 학위를 취득해 있을 것이라고.

해설 미래에 학위를 취득한 후에 돌아올 것이므로 미래완료 시제가 되어야 함 u.83/94 참조

어휘 applied physics 응용물리학 stay 머무르다 for four years 4년 동안 until ~할 때까지 finish 끝마치다 acquaintances 지인 come back to 돌아오다 take a degree 학위를 취득하다 physics 물리학

Dr. Arthur Gould is a neurosurgeon/ and his wife Amelia is an expert in plastic surgery. They established Happy Face in 1995/ to provide free facial improvement surgery/ to poor children with harelip and major scarified tissue. For almost twenty years now,/ Happy Face ＿＿＿＿＿＿ hundreds of children/ in more than 30 underdeveloped countries.

(a) would help

(b) was helping

(c) has been helping

(d) would have helped

Arthur Gould 박사는 신경외과 의사이며 그의 아내 Amelia는 성형외과 전문의다. 그들은 1995년 Happy Face를 설립하여/ 무료 안면 개선 수술을 제공했다/ 언청이와 심하게 흉측해진 조직을 가진 가난한 어린이들에게. 현재 거의 20년 동안 / Happy Face는 수백 명의 어린이를 돕고 있다/ 30개가 넘는 저개발 국가에서.

해설 for almost twenty years now라는 말이 있으므로 '현재완료 진행형' 시제가 되어야 함 u.83/97/189쪽 참조

어휘 neurosurgeon 신경외과 의사 an expert in plastic surgery 성형외과 전문의 establish=set up 설립하다 provide 제공하다 free facial improvement surgery 무료 안면 개선 수술 harelip 언청이 major 심한, 커다란 scarify 칼로 흉측하게 만들다 tissue 조직 almost=nearly=practically=virtually=all but=next to=well-nigh 거의 underdeveloped countries 저개발국

Henderson, my basketball teammate,/ is very humble. He has won several Outstanding Player awards/ over the years// and is the most popular student in school, ＿＿＿＿＿ he has never boasted of his achievements.

(a) yet

(b) when

(c) nor

(d) that

헨더슨이라는 나의 농구팀 동료는/ 매우 겸손하다. 그는 몇 차례 우수선수상을 수상했다/ 수년간에 걸쳐// 그리고 학교에서 가장 인기 있는 학생이다.// 하지만 그는 결코 자신의 업적을 자랑한 적이 없다.

해설 앞과 뒤의 내용이 상호간에 역접관계(그러나)가 가장 자연스러우므로 u.131쪽 참조

어휘 basketball 농구 teammate 팀 동료 humble 겸손한 win-won-won 상을 타다, 승리하다 several 몇 차례의 outstanding 우수한 award 상 over the years 수년간에 걸쳐서 the most popular 가장 인기 있는 boast of 자랑하다 achievement 업적, 성취

Helen wants to give her boss in the office a special birthday gift,/ so she will look for a bottle of champagne/ at Fellini's Winery tomorrow. She has asked the vintner/ to help her choose from the store's wide selection of vintage wines. She ＿＿＿＿＿ a wine of impeccable quality that have been aged for at least 12 years.

(a) will have chosen

(b) would have chosen

(c) was choosing

(d) will be choosing

헬렌은 사무실에 있는 상사에게 특별한 생일 선물을 주고 싶어 한다./ 그래서 그녀는 샴페인 한 병을 찾을 예정이다/ 내일 Fellini's Winery(포도주 전문점)에서. 그녀는 포도주 상인에게 부탁했다/ 가게의 다양한 포도주가운데서 고를 수 있도록 도와달라고. 그녀는 적어도 12년 동안 숙성된 흠잡을 데 없는 품질의 와인을 고를 예정이다.

해설 미래의 예정된 계획은 '미래 진행형'으로 나타내므로 u.96/76/151/321/91쪽 참조

어휘 boss 상사 special 특별한 birthday gift 생일 선물 look for=try to find 찾다 vintner 포도주 상인 wide selection of 다양한 vintage wine 포도주 impeccable quality 흠잡을 데 없는 품질 age 숙성시키다 at least=at the very least 적어도, 최소한

22

The police found a bomb last night/ inside an abandoned car/ beside Central Park. They were still trying to find out// who owned it// because it had no license plate on it. All they could gather from witnesses/ was that the car _____ left unattended beside the park/ for more than three days.

(a) would be

(b) had been

(c) shall be

(d) would have been

경찰은 어젯밤 폭탄을 발견했다/ 버려진 차 안에서/ 센트럴 파크를 옆에 있는. 그들은 여전히 알아내려고 애를 쓰고 있었다// 누가 그 차의 소유주인지// 왜냐하면 그것은 번호판이 붙어있지 않았기 때문에. 그들이 목격자들로부터 수집할 수 있는 모든 것은/ 차가 공원 옆에 방치된 상태로 남겨져 있었다는 것뿐이었다./ 3일이 넘도록.

해설 경찰이 발견한 것보다 자동차가 방치된 것이 먼저이므로 u.83/93쪽 참조

어휘 The police 경찰 find-found-found 발견하다 bomb 폭탄 last night 어젯밤 inside 안에 abandon 버리다, 유기하다, 포기하다 still 여전히, 아직도 try to ~하려고 애를 쓰다 find out 알아내다 own 소유하다 license plate 번호판 gather 수집하다 witness 목격자 leave ~ unattended 방치해두다, 돌보지 않고 내버려 두다 beside 옆에 park 공원

23

A group of Asian-American women in Savannah, Georgia,/ has been making quilts for many decades now. Quilt-making has become both a source of livelihood for them and a mode for artistically expressing themselves. Each quilt-maker _____ her own unique approach to the craft, making sure that no two quilts are look-alikes.

(a) has been applying

(b) had been applied

(c) would have applied

(d) is being applied

조지아 주 사바나에 있는 한 무리의 아시아계 미국인 여성들은 현재 수십 년 동안 누비이불을 만들어오고 있다. 이불을 만드는 것은 그들에게 생계원천이자 예술적으로 자신을 표현하는 방식이 되었다. 이불은 만드는 여성 각자는 자신의 고유한 접근법을 그 솜씨에 적용해오고 있다/ 그 어떤 두 개의 이불도 닮은 것이 없도록 하면서.

해설 첫 번째 문장에서 현재완료 진행형 시제를 사용하고 있으므로 u.83/97/128/139쪽 참조

어휘 Asian-American women 아시아계 미국인 여성들 quilt 누비이불 for many decades 수십 년 동안 both A and B: A이와 B 둘 다 source 원천 livelihood 생계 mode 방식 artistically 예술적으로 express 표현하다 own 자신의, 나름대로의 unique 독특한 approach 접근법 craft 솜씨, 공예 make sure that 반드시 ~하도록 하다 look-alike 닮은 꼴 apply 적용하다

24

They served nutritious meals/ to hundreds of poor children and immigrants. _____ they did/ inspired many young Londoners to go into community service.

(a) That

(b) What

(c) Which

(d) Where

그들은 영양이 풍부한 식사를 제공했다/ 수백 명의 가난한 아이들과 이민자들에게. 그들이 한 일은 많은 젊은 런던 시민들에게 지역사회 봉사 활동을 하도록 고무시켰다.

해설 inspire의 주어가 되어야 하므로 선행사를 포함하는 관계대명사 What이 되어야 함 u.335/76쪽 참조

어휘 serve 제공하다 nutritious 영양이 풍부한 meal 식사 hundreds of 수백 명의 immigrant 이민자 what ~한 것, 무엇 inspire=encourage=stimulate 영감을 주다, 고무시키다 Londoner 런던 사람 community service 지역사회 봉사활동

25

In only two years,// the Lake Beavers has become the team to watch in Ontario's amateur football league. Its coach says// that the team is made up of highly capable players. He thinks// that the team would truly shine// if only it _____ a larger fan base and several more corporate sponsors.

(a) is generating

(b) could generate

(c) will be generated

(d) would have generated

불과 2년 만에,// Lake Beavers는 온타리오의 아마추어 축구 리그에서 지켜볼 팀이 되었다. 감독은 말한다// 팀은 대단히 능력 있는 선수들로 구성되어 있다고. 그는 생각한다// 팀이 진정으로 빛을 발할 것이라고// 만일 그 팀이 더 큰 팬층과 좀 더 많은 기업 후원자를 만들 수만 있다면.

해설 귀결절에 would가 들어 있는 제2 조건문이므로 if절에서도 과거시제가 와야 함 u.240쪽 참조

어휘 in only two years 불과 2년 만에 amateur football league 아마추어 축구 리그 coach 감독 be made up of ~로 구성되다 highly 대단히 capable 능력 있는 shine 빛나다 fan base 팬 층, 팬 기반 several 몇몇 corporate sponsor 기업 후원자

26

According to the University of Flanders,// more than 65% of new teachers who graduated from it/ have found employment in Flanders itself. However,// some new teachers opted to teach in faraway cities. These teachers say// that they _____ in Flanders// if only good opportunities had been available to them locally.

(a) would have stayed

(b) have been staying

(c) will stay

(d) are staying

플랜더스 대학교에 따르면,// 그 대학을 졸업한 신입 교사들 중 65%가 넘는 교사들이/ 다름 아닌 플랜더스에 취직했다고 한다. 하지만,// 일부 신입 교사들은 먼 도시에서 가르치기를 택했다. 이 교사들은 말한다,// 그들이 플랜더스에 머물렀을 것이라고// 현지에서 좋은 기회만 얻을 수 있었더라면.

해설 제3 조건문(가정법 과거완료)으로 if절이 had p.p이므로, 귀결절은 '조동사의 과거형+have+p.p' u.237/63/162쪽 참조

어휘 according to ~에 따르면 graduate from 졸업하다 find-found-found 찾다 employment 직업, 고용 however 그러나 opt to=choose to ~할 것을 택하다 faraway 먼, 멀리 떨어진 opportunity 기회 available 이용 가능한 locally 현지(지역)에서

GRAMMAR SECTION(제한 시간 20분)

The following items need a word or words to complete the sentence. From the four choices for each item,// choose the best answer. Then blacken in the correct circle on your answer sheet.

다음 항목은 문장을 완성하기 위해 단어나 단어들을 필요합니다. 각 항목에 대한 네 가지 선택 중에서,// 가장 적합한 답을 선택하십시오. 그런 다음 답안지의 정확한 원에서 검게 칠하세요.

01
정답 : (b)

I am doing a survey about cafeteria services/ here at Taeneck High School. If you could find time to fill out this survey form, I ＿＿＿＿＿＿＿＿ it very much.

(a) am appreciating
(b) would appreciate
(c) had appreciated
(d) would be appreciated

저는 구내식당 서비스에 대한 설문 조사를 하고 있습니다/ 이곳 Taeneck 고등학교에서. 여러분이 시간을 내어 이 설문 조사서를 작성해 주신다면 매우 감사하겠습니다.

해설 If절의 시제가 could이므로, 귀결절도 조동사의 과거시제가 되어야 하므로 u.240/83쪽 참조

어휘 do a survey 조사하다 cafeteria 구내식당 find time 시간을 내다 fill out=fill in=complete 작성하다 appreciate 감사하다

02
정답 : (b)

Beginning as a secretary for Coopers & Randall,// Jane is now the Director of Acquisitions, and she's well on her way to becoming a senior partner. Next month, she ＿＿＿＿＿＿＿＿ for the firm for 16 years.

(a) is working
(b) will have been working
(c) would have worked
(d) had worked

Coopers & Randall의 비서로 시작한,// Jane은 현재 인수위원장 되었으며 수석 사원이 되어가고 있다. 다음 달이면, 그녀는 16년 동안 회사에서 일하게 될 것입니다.

해설 과거에서부터 미래까지는 미래완료시제이며. 미래에도 일하고 있을 것이므로 미래 완료 진행형 u.83/97쪽 참조

어휘 begin 시작하다 secretary 비서 Director of Acquisitions 인수위원장 a senior partner 수석 사원
be well on one's way to=be approaching a particular goal 특정 목표에 도달해가고 있다
a general partner 일반 사원 firm 회사 will have been ~ing 미래까지도 하고 있을 것이다

03
정답 : (d)

Michael wants to see a movie at the mall on Sunday. He thinks of inviting Steven, his seatmate in class,/ to join him. But Steven can't do so because he ＿＿＿＿＿＿＿＿ out of town this weekend.

(a) went
(b) gone
(c) was
(d) will be going

마이클은 일요일에 쇼핑몰에서 영화를 보고 싶어 한다. 그는 수업 시간 짝꿍인 스티븐에게 자기와 함께 가자고 요청할 생각이다. 하지만 스티븐은 그럴 수가 없다/ 왜냐하면 이번 주말에 시외에 나갈 예정이어서.

해설 미래의 예정된 계획을 나타낼 때는 미래진행형 시제이므로 u.96쪽 참조

어휘 movie 영화 on Sunday 일요일에 think 생각하다 invite 요청(초대)하다 seatmate 짝꿍 join 합류하다
because 왜냐하면 go out of town 시외에 나가다 this weekend 이번 주말에

04

정답 : (b)

The physician was not willing to give up on his long-term patient. It was his order that every possible remedy _____.

(a) tried

(b) be tried

(c) was tried

(d) must be tried

그 내과의사는 그의 장기 환자를 포기하려 하지 않았다. 가능한 모든 치료법을 시도하라는 것이 그의 명령이었다.

해설 order 다음 that절에서는 가정법 현재, 즉 원형동사가 오므로 u.244쪽 참조

어휘 physician 내과의사 be willing(glad, ready, pleased) to 기꺼이 ~하다 give up=abandon=desert=discard =forsake 포기하다 long-term patient 장기 환자 order 명령 every possible remedy 가능한 모든 치료법

05

정답 : (d)

Our physics professor always comes late, unprepared for his lessons. If I had known that he had such bad habits, I _____ in his class.

(a) am not enrolled

(b) was not enrolled

(c) will not have enrolled

(d) would not have enrolled

우리 물리학 교수는 항상 지각한다/ 수업 준비도 하지 않은 채. 만약 그가 그런 나쁜 습관을 가지고 있다는 것을 알았더라면, 나는 그의 수업에 등록하지 않았을 것이다.

해설 제 3조건문(가정법 과거완료)이므로 If 주어 had+p.p, 주어+조동사의 과거형+have+p.p u.237쪽 참조

어휘 physics professor 물리학 교수 always 항상 late 늦게 unprepared for 준비되지 않은 lesson 수업 know-knew-known 알다 such bad habits 그런 나쁜 습관 be enrolled in 등록하다

06

정답 : (c)

Researchers at Reginald University/ have analyzed the effect of diet on 100 people suffering from chronic migraines. The study showed// that those who consumed less than 35 grams of fat per day/ had fewer and less severe attacks. Based on this,// some medical doctors _____ their migraine-suffering patients to decrease their fat intake.

(a) are now advised

(b) now advising

(c) are now advising

(d) have now been advised

Reginald University의 연구원들은/ 만성 편두통으로 고통 받고 있는 100명의 사람들에게 식이요법이 미치는 효과를 분석했다. 이 연구는 보여주었다// 하루에 35그램 미만의 지방을 섭취한 사람들이 더 적고 덜 심각한 공격을 받았다고. 이를 바탕으로// 일부 의사들은 편두통 환자들에게 지방 섭취를 줄이라고 조언하고 있다.

해설 주어 다음에 동사가 오며, 목적어가 있으므로 능동태가 되어야 함 u.76/83/62/134/335/442쪽 참조

어휘 researcher 연구가 analyze 분석하다 effect 효과, 영향 diet 식이요법 suffer from ~으로 고생하다, ~으로 고통을 받다 chronic migraine 만성적인 편두통 study 연구 show 보여주다 those who ~한 사람들 consume 소비하다 d less than 미만 fat 지방 per day 하루 당 severe 심각한 attack 공격 based on ~을 바탕으로 medical doctor 의사 migraine-suffering patient 편두통으로 고생하는 환자 decrease=diminish=reduce 줄이다 fat intake 지방 섭취

07

정답 : (a)

The medical staff at Massachusetts General Hospital/ are very strict with administrative procedures. They will never release any medical record of their patients// _____ they receive a court order.

(a) unless
(b) so that
(c) now that
(d) or else

매사추세츠 종합 병원의 의료진은/ 행정 절차에 매우 엄격하다. 그들은 환자의 어떤 의료 기록도 공개하지 않는다.// 법원의 명령을 받지 않는 한

해설 문맥상 '～하지 않는 한'이 가장 자연스러우므로 u.251쪽 참조

어휘 medical staff 의료진 General Hospital 종합 병원 strict 엄격한 administrative procedures 행정 절차 never 결코～하지 않다 release 공개하다 any 어떤 medical record 의료 기록, 진료 기록 patient 환자 receive 받다 a court order 법원의 명령 so that ～하기 위하여 now that=seeing that =in that=since=as=because ～이기 때문에 or else 그렇지 않으면

08

정답 : (b)

Botanist Gregor Mendel, widely known for the laws of Mendelian inheritance,// has sparked interest in students/ towards learning botany. Starting today,/ he _____ to more than 30 high schools/ to give a series of lectures on it.

(a) travels
(b) will be traveling
(c) has been traveling
(d) has traveled

멘델의 유전의 법칙으로 널리 알려져 있는 식물학자 Gregor Mendel은,// 아이들에게서 흥미를 불러일으켜 왔다/ 식물학 학습에 대해서. 오늘부터/ 그는 30개 이상의 고등학교를 다닐 예정이다/ 그것에 관한 일련의 강연을 하기 위해.

해설 미래의 예정된 계획을 나타낼 때는 '미래 진행형' 시제이므로 u.96/110/189쪽 참조

어휘 botanist 식물학자 widely 널리 be known for ～로 알려져 있다 professor 교수 spark 불러일으키다 botany 식물학 towards ～을 향하여, ～에 대해서 starting today 오늘부터 high school 고등학교 a series of lectures 일련의 강연

09

정답 : (d)

Over a period of 12 years,// the Walt Disney Concert Hall in Los Angeles/ was built at a cost of $275 million. The structure was designed/ by the architect Frank Gehry. Observers say// that Gehry _____ it as the counterpart in the United States of the Guggenheim Museum in Bilbao, Spain, which he also designed.

(a) will conceive
(b) having conceived
(c) has been conceived
(d) must have conceived

12년 동안// L.A의 월트 디즈니 콘서트홀은/ 2억 7,500만 달러의 비용으로 지어졌다. 그 구조물은 디자인되었다/ 건축가 Frank Gehry에 의해서. 관측통들은 말한다// Gehry가 그것을 스페인 빌바오에 있는 구겐하임 미술관(Guggenheim Museum)의 미국 대응물로 생각했음에 틀림없다고, 왜냐하면 그것도 그가 설계했기 때문에.

해설 주어(Gehry)다음에 동사가 와야 하며 목적어 it가 있으므로 능동이 되어야 하며, 과거에 이뤄진 일이므로 must have pp ～했음에 틀림없다 u.217/79/478/323쪽 참조

어휘 over=during 동안에 build-built-built 짓다 at a cost of ～의 비용으로 million 100만 structure 구조물 design 설계하다 architect 건축가 observer 관측통, 관찰자 conceive A as B: A를 B로 간주(생각)하다 counterpart 대응물

10

정답 : (a)

Sofia and Emily stayed late in school/ to work on their project. There was no more public transport on the road// when they finished it at 10:30 p.m., _____ they decided to wait for Emily's mom to pick them up/ at the main gate of the school.

(a) so

(b) but

(c) if

(d) or

소피아와 에밀리는/ 학교에 늦게까지 머물렀다/ 그들의 과제를 하기 위해. 도로에는 더 이상 대중교통수단이 없었다// 그들이 10시 30분에 그것을 끝냈을 때. 그래서 그들은 에밀리의 엄마가 그들을 데리러 오기를 기다리기로 결정했다/ 학교 정문에서.

해설 앞 문장이 원인이고, 그에 대한 결과가 뒤에 이어지므로 u.131쪽 참조

어휘 stay 머무르다 late 늦게 work on a project 과제를 하다 no more 더 이상 없다 public transport 대중교통 road 도로 finish 끝마치다 p.m=post meridiem 오후 decide 결정하다 wait for 기다리다 pick up 태우러 오다 the main gate 정문

11

정답 : (b)

Taylor won the top prize/ in a promotional raffle conducted by the Galleria Shopping Center. He will receive a cash prize of $30,000. Being business-minded,/ he _____ the money/ to start a small business in his hometown.

(a) uses

(b) will use

(c) has used

(d) would be used

테일러는 1등상을 탔다/ 갤러리아 쇼핑센터에서 실시한 홍보 경품행사에서. 그는 3만 달러의 상금을 받을 것이다. 사업성이 있는/ 그는 그 돈으로 이용하여/ 고향에서 작은 사업을 시작할 예정이다.

해설 미래의 계획을 의미하므로 u.83/90쪽 참조

어휘 win-won-won 상을 타다, 승리하다 the top prize 1등상 a promotional raffle 홍보 경품행사 conduct 시행(수행)하다 receive 받다 a cash prize 상금 business-minded 사업성이 있는, 사업 지향적인 start 시작하다 small 작은 hometown 고향

12

정답 : (d)

Leading-edge company Caravelle Corp./ is developing a new-generation disc,// which it hopes will replace existing DVDs. The new disc/ is said to have 50 times more storage room than the usual DVD. Caravelle/ _____ the new product by early next year.

(a) would be sold

(b) had sold

(c) would have sold

(d) will be selling

최첨단 회사인 Caravelle 주식회사는/ 차세대 디스크를 개발하고 있습니다.// 그리고 그것이 기존 DVD를 대체 할 것으로 기대합니다. 그 새로운 디스크는/ 일반 DVD보다 50배 더 많은 저장 공간을 갖고 있다고 합니다. Caravelle은/ 내년 초쯤 신제품을 판매 할 예정입니다.

해설 내년 초는 미래이며, will be ~ing는 예정된 계획을 나타내므로 u.96쪽 참조

어휘 leading-edge 최첨단의 company 회사 Corp.=corporation 주식회사 develop 개발하다 new-generation 신세대 product 제품 replace 대체하다 existing 기존의 be said to 동사 원형 ~한다고들 말하다 storage room 저장 공간 usual 보통(일반)의 sell-sold-sold 판매하다 by early next year 내년 초쯤

13

Olivia was delighted/ to learn that her mother, who has been working in Dubai for two years, is coming home for Christmas next week. But this morning/ she was greatly disappointed/ to hear that her mother's vacation leave _____.

(a) disapproved

(b) has disapproved

(c) had disapproved

(d) had been disapproved

올리비아는 기뻤다/ 그녀의 엄마가, 2년 동안 두바이에서 일해 오셨는데, 다음 주 크리스마스를 위해 집에 올 것이라는 것을 알게 되어. 하지만 오늘 아침,/ 그녀는 무척 실망했다/ 그녀 엄마의 휴가가 승인되지 않았다는 소식을 듣고.

해설 올리비아가 실망한 것보다 엄마의 휴가가 승인되지 않은 것이 먼저이므로 '대과거 수동태' u.83/93쪽 참조

어휘 delighted 기쁜 learn 알게 되다, 배우다 for two years 2년 동안 next week 다음 주에 this morning 오늘 아침에 greatly 무척, 대단히, 크게 disappointed 실망한 vacation leave 휴가, 휴가 허락 disapprove 인가(승인)하지 않다

14

In 2002,// the New Mexico governor/ vetoed a bill in the legislature/ proposing a statewide system for monitoring cases of HIV. Health officials were aghast over the governor's decision. They said// that the bill _____ as an effective mechanism for the spread of HIV in the state.

(a) will serve

(b) has been served

(c) would have served

(d) would be served

2002년,// 뉴멕시코 주지사는/ 입법부에서 법안을 거부했다/ HIV 사례를 관찰(감시)하기 위한 주 전체 시스템을 제안하는 (법안). 보건 관계자들은 주지사의 결정에 경악을 금치 못했다. 그들은 말했다// 이 법안이 주에서 HIV 확산을 위한 효과적인 장치역할을 했을 것이라고 (만일 주지사가 그 법안을 거부하지 않았더라면).

해설 법안을 거부한 것이 과거의 사실이므로, 거부하지 않았을 경우를 상상하므로 가정법 과거 완료시제 u.238/253쪽 참조

어휘 governor 주지사 veto 거부하다, 거부권을 행사하다 bill 법안, 부리, 고지서 legislature 입법부 propose 제안하다 statewide 주 전체의 monitor 관찰(감시)하다 case 사례 HIV=human immunodeficiency virus 인류 면역 결핍 바이러스 health official 보건 관계자 be aghast over ~에 경악을 금치 못하다 decision 결정 serve as ~의 역할을 하다 effective 효과적인 mechanism 장치 spread 확산 state 주

15

I told you so many times/ never to leave your things lying around the living room. Does anybody know _____?

(a) whose shirt this is

(b) whose shirt is this

(c) who is this jacket

(d) who's jacket is this

내가 너희들에게 여러 차례 말했잖아/ 절대 너희들 물건들을 거실 여기저기에 놔두지 말라고. 이것 누구 셔츠인지 아는 사람 있어?

해설 간접 의문문의 어순은 '의문사+주어+동사'이므로 u.56쪽 참조

어휘 so many times 아주 여러 번 never 결코 ~하지 않다 leave 놔두다, 남겨두다 thing 물건 lie-lay-lain 놓여있다 around the living room 거실 여기저기에

16

정답 : (d)

Elmo Sorkin/ developed/ a well-known brand of electric pianos and other musical instruments. His fascination with electronics/ began/ when he was just a teenager. As a college freshman in 1969,/ he ＿＿＿＿＿＿＿ sound systems// that he leased to organizers of college events.

(a) had already been made

(b) would have already made

(c) has already made

(d) was already making

Elmo Sorkin은/ 개발했다/ 유명한 브랜드의 전자 피아노와 다른 악기들을. 전자공학에 대한 그의 매력은/ 시작되었다/ 그가 겨우 10대였을 때. 1969년 대학 1학년 때/ 그는 벌써 음향 시스템을 만들고 있었다/ 그리고 그것들을 그는 대학 행사 주최자들에게 빌려주었다.

해설 sound systems라는 목적어가 있으므로 능동이며, '벌써 만들고 있었다'가 가장 자연스러우므로 u.106/321쪽 참조

어휘 develop 개발하다 well-known=famous=famed=noted=renowned=celebrated 유명한 electric piano 전자 피아노 musical instrument 악기 fascination 매력 electronics 전자 공학 just 그저, 겨우, 단지, 고작 teenager 10대 as a college freshman 대학 1학년 때 sound systems 음향 시스템 lease 빌려주다 organizer 주최자 event 행사

17

정답 : (d)

When his yacht ran aground and he got marooned on a remote island,// Daniel was thankful// that he managed to survive. However, he almost gave up the thought of riding the yacht again. This was because he ＿＿＿＿＿＿ in the island for over 3 weeks/ before he was rescued.

(a) has stranded

(b) would be stranded

(c) has been stranded

(d) had been stranded

요트가 좌초되어 외딴 섬에 고립되었을 때,// 다니엘은 감사했다// 자신이 간신히 살아남은 것에. 그러나 그는 다시 요트를 탈 생각을 거의 포기했다. 왜냐하면 그가 3주 넘게 섬에 갇혀 있었기 때문이었다/ 구조되기 전에.

해설 구조된 시점이 과거인데 그 전에 섬에 갇혔으므로 '대과거 수동태' u.83/93 참조

어휘 run(go, strike) aground 좌초되다 maroon 고립시키다 get marooned 고립되다 a remote island 외딴 섬 thankful=grateful 감사하는 manage(contrive) to 겨우(용케) ～하다 survive 살아남다 however 그러나 almost=nearly=all but=next to=well-nigh 거의 give up=abandon=desert=quit 포기하다, 버리다 thought 생각 ride-rode-ridden 타다 island 섬 over=more than 이상 rescue 구조하다 strand 오도 가도 못하게 하다, 좌초시키다

18

정답 : (b)

Mrs. Wilson got a surprise call/ from her daughter Lily's high school vice-principal. She learned// that the school had decided to expel Lily. Lily was caught cheating in the exams/ and ＿＿＿＿＿＿ it// when confronted by her teacher.

(a) admits

(b) admitted

(c) admitting

(d) is admitted

윌슨 부인은 뜻밖의 전화를 받았다/ 딸 릴리의 고등학교 교감으로부터. 그녀는 알았다// 학교가 릴리를 퇴학시키기로 결정했다는 것을. 릴리는 시험에서 부정행위를 하다가 적발되어/ 그것을 인정했다/ 선생님과 마주쳤을 때.

해설 적발되어 바로 인정을 했으므로 같은 시제가 되어야 함 u.86쪽 참조

어휘 get a surprise call 뜻밖의 전화를 받다 vice-principal 교감 learn 알다, 배우다 decide 결정(결심)하다 expel 퇴학시키다 catch-caught-caught 발견하다, 붙잡다 cheat in the exams 시험에서 부정행위를 하다 confront 대면(직면)하다

19

In the 1980s,// a band called The Tourniquets/ was formed/ in Norfolk, Virginia. The band rehearsed every day/ but only achieved short-lived success. Several music critics have observed// that this was _____ the band merely imitated the repertoire of its hit-making contemporaries/ instead of coming up with their own unique sound.

(a) when　　　　　　　　　(b) that
(c) because　　　　　　　　(d) although

1980년대// The Tourniquets라는 밴드가/ 결성되었다/ 버지니아주 Norfolk에서. 그 밴드는 매일 리허설(연습)을 했지만/ 겨우 일시적인 성공만 거두었다. 몇몇 음악 비평가들은 말했다// 이것은 그 밴드가 단지 히트곡을 만드는 동시대 음악가들의 레퍼토리를 모방했기 때문이라고/ 그들만의 독특한 소리를 내는 대신에.

해설 밴드가 단명한 이유를 설명하는 절이므로 u.117/134/335/127쪽 참조

어휘 called=named 불리는 form 형성하다 rehearse 연습하다 every day=day in and day out 매일
only=merely 단지, 불과 achieve=accomplish=attain 성취하다 short-lived 일시적인 several 몇몇
critics 평론가 observe 말하다, 관찰하다, 주목하다 imitate=mimic 모방하다, 흉내 내다 repertoire 목록, 연주곡목
contemporary 동시대인 instead of=in place of ~대신에 come up with 제시하다, 생각해 내다
own 자신의, 나름대로의 unique 독특한 sound 소리

20

Emma's students enjoy her entertaining way of teaching physical science. Tomorrow,/ they will learn about earthquakes/ through classroom lectures as well as practical applications. Before the week is over,/ they will _____ small earthquake-proof structures/ for exhibition at the school's science fair.

(a) were constructing　　　　(b) could be constructed
(c) could have constructed　　(d) will be constructing

Emma의 학생들은 물리학을 가르치는 그녀의 재미있는 방법을 즐긴다. 내일/ 그들은 지진에 대해 배울 예정입니다/ 실제 응용 프로그램뿐만 아니라 교실 강의를 통해서. 그 주가 끝나기 전에// 그들은 작은 내진 구조물을 건설할 예정입니다/ 학교 과학 박람회에서 전시를 위해.

해설 예정된 계획을 나타낼 때는 미래 진행형을 사용하므로 u.96/128쪽 참조

어휘 entertaining=amusing 재미있는 physical science 물리학 earthquake 지진 through ~을 통해서 lecture 강의
B as well as A=not only A but also B: A뿐만 아니라 B도 practical 실제적인, 실용적인 application 응용 be over 끝나다
construct 건설하다 earthquake-proof structure 내진 구조물 exhibition 전시 science fair 과학 박람회

21

My mom loves to talk on the phone with my aunts. She usually spends hours on the phone every night. _____ to her sisters on the phone is what my mom loves to do.

(a) Talk　　　　　　　　　(b) Talking
(c) Talked　　　　　　　　(d) To have talked

우리 엄마는 이모들과 통화하는 것을 좋아한다. 엄마는 보통 매일 밤 전화로 몇 시간을 보낸다. 그녀의 자매들과 전화로 대화하는 것은 우리 엄마가 무척 좋아하시는 일이다.

해설 문장의 주어이므로 동명사가 되어야 함 u.155쪽 참조

어휘 talk on the phone 전화로 대화하다 aunt 이모, 고모 usually 보통, 대개 spend-spent-spent 보내다
every night 매일 밤 what my mom loves to do 엄마가 무척 좋아하시는 일

22

I regret// that Professor Brown has no choice but to turn down your invitation for an interview/ this coming Sunday. He _____ this evening for New York/ and stay there for a week/ in order to promote his new book.

(a) has left
(b) will leave
(c) will be left
(d) would leave

나는 유감스럽게 생각한다// 브라운 교수가 너의 인터뷰 초대를 거절할 수밖에 없다는 것을/ 다가오는 일요일. 그는 오늘 저녁 뉴욕으로 떠나/ 그곳에 일주일 동안 머무를 예정이야/ 그의 새로운 책을 홍보하기 위해.

해설 오늘 저녁은 미래이며 leave가 자동사로 쓰였으므로 수동이 될 수 없어요. u.83/87쪽 참조

어휘 regret 유감으로 생각하다 professor 교수 have no choice but to=cannot but=cannot choose(help) but=cannot help ~ing ~하지 않을 수 없다, ~할 수 밖에 없다 turn down=decline=reject 거절하다 invitation 초대 this coming Sunday 이번 주 일요일 this evening 오늘 저녁 leave for ~로 떠나다 stay 머무르다 for a week 1주일 동안 in order to=so as to=for the purpose(sake) of ~ing ~하기 위하여 promote 홍보하다, 승진시키다, 장려하다

23

According to popular stories,// Sir Isaac Newton's interest in the Laws of Gravity started with an apple. One afternoon, he _____ tea in the garden// when he happened to see/ an apple falling from the tree.

(a) was drinking
(b) will be drinking
(c) is drinking
(d) will have been drinking

유명한 일화에 따르면.// 아이작 뉴턴경의 중력의 법칙에 대한 관심은 사과로부터 시작되었다. 어느 날 오후, 그는 정원에서 차를 마시고 있을 때// 그는 우연히 목격했다// 사과 하나가 나무에서 떨어지는 것을.

해설 종속절이 happened이며, 동시에 이뤄진 사건이므로 u.83쪽 참조

어휘 according to ~에 따르면 popular 유명한, 인기 있는 sir 경(영국에서는 나이트작(爵) 또는 준남작의 지위에 있는 사람의 성명 또는 이름 위에 붙임) interest 관심 the Laws of Gravity 중력의 법칙 one afternoon 어느 날 오후 garden 정원 happen(chance) to 우연히 ~하다 fall-fell-fallen 떨어지다 from ~로 부터 tree 나무

24

Mrs. Miller is planning to apply for a bank loan// because she wants to reopen her chicken restaurant. She _____ the restaurant for seven years// when the economic crisis forced her to close it down.

(a) has run
(b) is running
(c) will be running
(d) had been running

밀러 부인은 은행 대출을 신청할 계획이다// 왜냐하면 치킨 레스토랑을 재개하기를 원하기 때문에. 그녀는 그 레스토랑을 7년 동안 운영해 오고 있었다// 그때 경제 위기로 인해 그녀는 그 레스토랑의 문을 닫아야만 했다.

해설 레스토랑의 문을 닫은 시점이 과거인데, 그 이전에 7년 동안 운영해 왔으므로 과거완료 진행형 시제 u.83쪽 참조

어휘 be planning to ~할 예정(계획)이다 apply for=make a formal request for 신청하다 a bank loan 은행 대출 reopen 재개하다 run-ran-run 운영하다 economic crisis 경제 위기 force=oblige=coerce 강요하다 close down 폐쇄하다

25

Williams used to think// that good but affordable books/ could be found only at used-books shops. However,/ this view of his changed last week// when he chanced upon the site BargainBooks.com. Since then,// he _____ the website/ to look for out-of-print titles priced at only $2 to $8.

(a) could have explored
(b) would be explored
(c) has been exploring
(d) was exploring

윌리엄스는 생각했었다// 좋지만 값싼 책은 중고책 가게에서만 찾을 수 있다고. 그러나 이러한 그의 관점은 지난주에 바뀌었다// 그가 BargainBooks.com 사이트를 우연히 발견했을 때. 그 이후로,// 그는 그 웹 사이트를 탐색해오고 있다/ 고작 2~8달러에 절판 된 출판물을 찾기 위해.

해설 Since then이 있으므로, 주절이 과거부터 현재까지를 나타내므로 '현재완료 진행형' 시제 u.83/97/98쪽 참조

어휘 used to ~했었다 affordable 값싼 used-books shop 중고책 가게 however 그러나 view 관점, 견해 chance(come, stumble) upon 우연히 마주치다 explore 탐색하다 look for 찾다 out-of-print 절판 된 title 출판물

26

When Mrs. Sanders was diagnosed to have Alzheimer's disease last year,// her family knew very little about that ailment. However,// her husband and two sons realized// that the best way to help her cope with the disease/ was to learn about it. This is why they _____/ in awareness campaigns about Alzheimer's/ since then.

(a) will actively participate
(b) were actively participated
(c) were actively participating
(d) have been actively participating

샌더스 부인이 작년에 알츠하이머병을 갖고 있다는 진단을 받았을 때,// 그녀의 가족은 그 질병에 대해 거의 알지 못했다. 그러나 // 그녀의 남편과 두 아들은 깨달았다// 그녀가 그 질병에 대처할 수 있도록 도움을 줄 수 있는 가장 좋은 방법은/ 그것에 대해 배우는 것이라는 것을. 이런 이유로 그들은 적극적으로 참여하고 있다/ 알츠하이머병에 대한 인식 캠페인에/ 그때부터.

해설 since then(그때부터), 즉 과거부터 현재까지 하고 있는 동작이므로 현재완료 진행형 시제 u.83/97쪽 참조

어휘 diagnose 진단하다 Alzheimer's disease 노인성 치매 last year 작년에 ailment 질병 however 그러나 realize 깨닫다 cope(deal, do) with 대처하다 disease 질병 learn 배우다 awareness campaign 인식 캠페인 participate in 참여하다

GRAMMAR SECTION(제한 시간 20분)

The following items need a word or words to complete the sentence. From the four choices for each item,// choose the best answer. Then blacken in the correct circle on your answer sheet.

다음 항목은 문장을 완성하기 위해 단어나 단어들을 필요합니다. 각 항목에 대한 네 가지 선택 중에서,// 가장 적합한 답을 선택하십시오. 그런 다음 답안지의 정확한 원에서 검게 칠하세요.

01
정답 : (c)

Charlotte forgot// that her husband was going to pick her up at her office at 6:30 last night. When he came for her, she _____ home.

(a) has already gone
(b) was already gone
(c) had already gone
(d) had already been going

Charlotte은 잊고 있었다// 자기 남편이 어젯밤 6시에 자기 사무실로 그녀를 태우러 간다는 사실을. 그가 그녀를 데리러 왔을 때, 그녀는 이미 집으로 가버린 뒤였다.

해설 그가 그녀를 태우러 사무실에 도착하기 전에 그녀가 먼저 집에 가버렸으므로 u.83/93쪽 참조

어휘 forget-forgot-forgotten 잊다 be going to ~할 예정이다 pick up 태우러 가다 last night 어젯밤 go-went-gone 가다

02
정답 : (c)

Rona was starving this afternoon,/ but she didn't have anything to eat. She _____ something to snack on while she worked.

(a) should bring
(b) ought to bring
(c) ought to have brought
(d) ought to have been brought

Rona는 오늘 오후에 배가 무척 고팠지만/ 먹을 것이 없었다. 그녀는 가볍게 간식으로 먹을 뭔가를 좀 챙겨 왔어야 했는데/ 일하는 동안에 (간식으로 먹을 뭔가를)

해설 과거를 후회할 때는 should(ought to) have pp(~했어야 했는데 안 했다) u.194/201쪽 참조

어휘 starve 굶주리다 this afternoon 오늘 오후 snack on 가볍게 먹다. 간식으로 먹다 while ~하는 동안에 work 일하다

03
정답 : (a)

Cathy had always dreamed of becoming an actress,// but her parents urged her to study business administration instead. If only she had been faithful to her vision, she _____ a famous movie star by now.

(a) should be
(b) has possibly been
(c) will possibly have been
(d) could possibly have been

Cathy는 항상 배우가 되는 꿈을 꿨지만,// 그녀의 부모님은 그녀에게 대신 경영학을 공부하라고 촉구했다. 만일 그녀가 자신의 비전에 충실했더라면, 그녀는 지금쯤 틀림없이 유명한 영화배우가 되어 있을 텐데.

해설 과거와 현재가 혼합된 혼합 가정법이며, 이 때 should는 논리적 결과나 추론을 나타냄 u.228/238/76쪽 참조

어휘 dream of~ing ~하기를 꿈꾸다 actress 여자 배우 urge 다그치다, 촉구하다 business administration 경영학 instead 대신 be faithful(true) to ~에 충실하다 famous=famed=noted=renowned=celebrated 유명한 movie 영화 by now 지금쯤

04

However,/ ensuing differences with Henry Ford/ caused his much-publicized dismissal in 1978. It was a surprising development, _____ the company just earned a record $2 billion profit for the year.

(a) but

(b) although

(c) provided that

(d) given that

그러나,// 헨리 포드 (Henry Ford) 와의 계속되는 이견은/ 1978년 널리 알려진 그의 해고를 야기하였다. 그것은 놀라운 사건의 전개였다// 그 회사가 그 해에 20억 달러의 사상 최대의 이익을 냈다는 것을 고려해볼 때.

해설 문맥상 a surprising development (놀라운 사건의 전개)라고 판단을 내린 고려사항을 나타내므로 u.119쪽 참조

어휘 however 그러나 ensuing 계속되는, 잇따라 일어나는 difference 차이, 이견 cause 야기하다 much-publicized 널리 알려진 dismissal 해고 given that ~을 고려해볼 때 company 회사 earn 벌다, 얻다 billion 10억 profit 이익

05

정답 : (d)

Hanauma Bay is an extremely popular tourist destination in Honolulu. To preserve its unspoiled environment,// the city has organized Citizens' Group Watch/ to monitor the beach area/ for garbage. The group _____ this for two months until now.

(a) will actively do

(b) is actively doing

(c) had actively done

(d) has been actively doing

Hanauma Bay는 호놀룰루에서 매우 인기 있는 관광지다. 훼손되지 않은 환경을 보존하기 위해,// 시는 시민 단체 감시단을 조직했다. 해변 지역 쓰레기를 감시하기 위해서. 그 단체는 현재 두 달 동안 적극으로 이 일을 해 오고 있다.

해설 과거(두 달 전)부터 지금까지 하고 있으므로 현재 완료 진행 시제 u.83/97쪽 참조

어휘 extremely 대단히, 지극히, 아주 popular 인기 있는 tourist destination 관광지 preserve 보존하다 unspoiled 훼손되지 않은 environment 환경 organize 조직하다 monitor 감시(관찰)하다 beach area 해변 지역 garbage 쓰레기 actively 적극적으로

06

정답 : (a)

Justine Davenport has written several fiction books/ with intriguing female characters. Among these/ are her novel In the Raw, which has been made into a movie,/ and The Final Farewell, which is based on the experiences of a French woman living in London. In her next novel,/ Davenport _____ the story of a female doctor who commits a horrible crime.

(a) will be recounting

(b) would be recounted

(c) was recounting

(d) has been recounted

Justine Davenport는 몇 권의 소설책을 썼다/ 흥미로운 여성 캐릭터로. 이들 중/ 그녀의 소설 In the Raw가 있는데 그것은 영화로 제작되었고/ The Final Farewell이 있는데 이것은 런던에 살고 있는 프랑스 여성의 경험을 바탕으로 한 것이다. 다음 소설에서/ Davenport는 끔찍한 범죄를 저지르는 여성 의사의 이야기를 상세히 묘사할 예정이다.

해설 문맥상 지금까지 써 온 소설과 앞으로 쓸 예정의 소설이야기이므로 예정된 계획은 미래 진행형 u.96/323/488/134쪽 참조

어휘 write-wrote-written 쓰다 several 몇 권의 fiction book 소설책 with intriguing 흥미로운, 음모를 꾸미는 female 여성 character 등장인물 among 가운데 novel 소설 In the Raw 원시 세계에서 movie 영화 The Final Farewell 마지막 작별 be based on ~에 기초하다 experience 경험 French woman 프랑스 여성 recount 상세히 묘사하다 female 여성 commit a horrible crime 끔찍한 범죄를 저지르다

GRAMMAR SECTION 모의고사 3 **115**

07

정답 : (d)

As he didn't have a ticket to the game, Tom wasn't able to see yesterday's championship match between the Los Angeles Dodgers and the New York Yankees. If he had only bought a ticket earlier, he _____ the game.

(a) will see

(b) has been seeing

(c) could be seeing

(d) could have seen

경기 입장권을 갖고 있지 않았기 때문에. Tom은 어제의 L.A 다저스와 뉴욕 양키스 간의 챔피언십 경기를 볼 수 없었다. 만일 그가 표를 더 일찍 구입하기만 했더라면, 그 경기를 볼 수 있었을 텐데.

해설 가정법 과거 완료 문장으로서 If절이 had+pp 이므로 귀결절의 시제는 '조동사의 과거형+have+pp' u.237쪽 참조

어휘 be able to=can ~할 수 있다 see 경기장에서 관람하다 earlier 더 일찍

08

정답 : (a)

A cousin of mine recently gave me a hardbound collection/ of the 500 most outstanding short stories in English. Because the book is quite thick,/ I cannot carry it around/ to read outside the house. However,// if I _____ to go out of town on a weekend,/ I would definitely take that book with me.

(a) were

(b) have

(c) am

(d) was

내 사촌이 최근에 나에게 두꺼운 표지로 제본된 모음집을 주었다/ 500편의 가장 뛰어난 영어로 된 단편 소설들이 담긴 (모음집을). 그 책이 꽤 두꺼워서/ 나는 그것을 지지고 다닐 수가 없다/ 집 밖에서 읽기 위하여. 하지만.// 만약 내가 주말에 시외로 나가게 된다면, 나는 꼭 그 책을 지니고 갈 것이다.

해설 제 2 조건문으로 귀결절에 would라는 과거형 조동사가 왔으므로 if절에도 과거시제인 were가 되어야 함 u.236쪽 참조

어휘 cousin 사촌 recently=lately=of late 최근에 hardbound 두꺼운 표지로 제본된 collection 모음집 short story 단편소설 outstanding=conspicuous 뛰어난 quite 꽤 thick 두꺼운 carry around 지니고 다니다 outside 밖에서 however 그러나 go out of town 시외로 나가다 on a weekend 어느 주말에 definitely 분명히, 꼭, 확실히 take ~with 몸에 지니고 나가다

09

정답 : (c)

Film critics generally thought// that Gore Verbinski's Pirates of the Caribbean movie series/ was innovative and amusing. However,// many reviewers criticized/ what they considered the film's profound repetitiveness. They said// that if its producers had given the script more thought,/ they _____ several awful dialogues and dragging scenes.

(a) would have been eliminated

(b) had been eliminating

(c) could have eliminated

(d) will be eliminating

영화 평론가들은 일반적으로 생각했다.// Gore Verbinski의 캐리비안의 해적 시리즈는/ 혁신적이고 재미있다고. 그러나.// 많은 평론가들은/ 비판했다/ 그들(영화 평론가들)이 영화의 심오한 반복이라고 여기는 것을. 그들은 말했다.// 제작자들이 이 대본을 더 깊이 생각했더라면,/ 그들은 몇몇 끔찍한 대화와 질질 끄는 장면을 없앨 수 있었을 것이라고.

해설 제 3의 조건문, 즉 가정법 과거완료이므로 if 주어+had+pp, 주어+조동의 과거형+have+pp u.237/335쪽 참조

어휘 film 영화 critics 평론가, 비평가 generally 일반적으로, 대개 pirate 해적 innovative 혁신적인 amusing 재미있는 several 몇몇 however 그러나 reviewer 평론가 criticize 비판하다 what ~한 것 consider 간주(생각)하다 profound 심오한 awful 끔찍한 repetitiveness 반복 producer 제작자 script 대본 eliminate=get rid of=remove 제거하다, 없애다 dialogue 대화 drag 끌다

10

I'm glad// that my six-year-old son/ often watches wildlife features/ on the National Geographic Channel. I think// that children/ _____ more educational information from TV/ than ever before.

(a) had got

(b) are getting

(c) will be getting

(d) had been getting

나는 기쁘다// 내 여섯 살짜리 아들이/ 야생생물의 특징을 자주 시청해서/ 내셔널 지오그래픽 채널에서. 나는 생각한다// 아이들이/ TV에서 더 많은 교육 정보를 얻고 있다고/ 그 어느 때 보다도.

해설 주절이 현재시제이며, 이전 상태와 대조되거나 성장 발전하고 있는 모습을 나타내므로 u.83/95쪽 참조

어휘 often 자주 watch 시청하다 wildlife 야생 생물 feature 특징 educational 교육적인 than ever before 그 어느 때 보다도

11

Environmentalists worldwide/ are mourning/ the sudden death of Senator John Bailey, author of the Greenhouse Emission Law. The veteran legislator _____ in front of the Green Thumb Society// when he suffered a massive heart attack.

(a) will have been speaking

(b) has spoken

(c) is speaking

(d) was speaking

전 세계의 환경론자들은/ 애도하고 있다/ 온실 가스 배출 법(Greenhouse Emission Law)의 저자인 John Bailey 상원 의원의 갑작스러운 죽음을. 이 경험 많은 국회의원은 Green Thumb협회 앞에서 연설하다가// 엄청난 심장마비를 겪었다.

해설 종속절(when절)의 시제가 과거이며, 동시에 이뤄진 동작이므로: was ~ing ~하고 있었다 u.83/96쪽 참조

어휘 environmentalist 환경론자 worldwide 전 세계의 mourn 애도하다 untimely death 불의의 죽음 Senator 상원 의원 author 저자 veteran 경험 많은, 노련한 legislator 국회의원 speak=give a speech 연설하다 in front of ~의 앞에서 suffer 겪다, 당하다 massive 엄청난 heart attack=heart failure 심장마비

12

Thankful for a position as Chief designer of Purses & Bags Inc.,// Cathy treated her friend, Shane, to dinner. She said to Shane, "If you had not helped me come up with a creative purse design, I _____ the job."

(a) should not land

(b) could not land

(c) will have landed

(d) would not have landed

Purses & Bags Inc.의 수석 디자이너로서의 직책에 대해 고마워하여,// Cathy는 친구 Shane을 저녁 식사에 초대했다. 그녀는 Shane에게 말했다.//"만일 네가 창의적인 지갑 디자인을 생각해 내는 데 나를 도와주지 않았더라면,// 나는 그 직장을 얻지 못했을 거야."라고.

해설 가정법 과거완료로서 If 절이 had+pp 이므로, 귀결절은 조동사의 과거형+have+pp가 됨 u.237쪽 참조

어휘 be thankful(grateful) for ~에 대해 고마워하다 position 직책 chief designer 수석 디자이너 treat 대접하다 come up with=think out 생각해내다 creative 창의적인 purse 여성용 지갑 land 손에 넣다, 낚아 올리다, 직장을 얻다

13

정답 : (d)

John Brown was lately appointed Chief Executive Officer of ABC Broadcasting. _____ he officially takes his post tomorrow, he will do all that he can/ to put the company back into shape.

(a) But

(b) As if

(c) Before

(d) As soon as

john Brown은 최근 ABC 방송사의 최고 경영자로 임명되었다. 내일 공식적으로 취임하자마자// 그는 할 수 있는 모든 것을 할 예정이다/ 회사를 다시 제자리에 돌려놓기 위해(회사를 다시 정상으로 돌려놓기 위해).

해설 주절이 있으므로 종속접속사가 필요하며, 문맥상 가장 자연스러우므로 u.100쪽 참조

어휘 lately=recently=of late 최근에 appoint 임명하다 Chief Executive Officer 최고경영자 as soon as ~하자마자
officially 공식적으로 take(assume) one's post 취임하다 company 회사
put ~ back into shape 제자리에(정상으로) 돌려놓다

14

정답 : (d)

I enjoy listening to rock and roll,// and I especially like the Beatles. It's amazing// that by this time next month,/ the band _____ at the top of the charts for twelve months.

(a) is

(b) would be

(c) had been

(d) will have been

나는 로큰롤을 즐겨 듣는다.// 그리고 나는 특히 비틀즈를 좋아한다. 놀라운 것은// 다음 달 이맘때쯤이면/ 그 밴드가 12개월 동안 차트 1위를 차지할 것이라는 것이다.

해설 과거부터 미래까지 12개월이므로 '미래 완료'가 되어야 함 u.83/94쪽 참조

어휘 listen to 듣다 especially=particularly=in particular 특히 amazing 놀라운
by this time next month 다음 달 이맘때쯤이면 at the top of the charts 차트 꼭대기, 차트 1위

15

정답 : (c)

The town of Buñol in the Valencia region in Spain/ celebrates its Tomato Festival/ every year. This year/ residents are doubling their efforts/ to make it much more successful. All the residents _____ a lot of over-ripe tomatoes/ for the harmless battle.

(a) arranges

(b) has arranged

(c) will be arranging

(d) will have arranged

스페인 발렌시아 지역의 부뇰이라는 소도시는/ 토마토 축제를 기념한다/ 매년. 올해/ 주민들은 그들의 노력을 두 배로 하고 있다/ 그것을 훨씬 더 성공적으로 만들기 위해. 모든 주민들은 지나치게 익어버린 토마토를 많이 준비할 예정이다/ 그 무해한 전투를 위해서.

해설 이미 예정된 계획을 나타낼 때는 '미래 진행형' 시제를 사용하므로 u.83/96쪽 참조

어휘 town 읍내, 소도시 region 지역 celebrate 기념(축하)하다 festival 축제 every year=from year to year 매년
resident 주민 double 두 배로 하다 effort 노력 much=even=far 훨씬 successful 성공적인 arrange 준비(마련)하다
a lot of=lots of=plenty of 많은 over-ripe 지나치게 익은 harmless 무해한, 해가 없는, 악의 없는 battle 전투

16

정답 : (d)

Still feeling sad over the loss of his parrot Joy,// my younger brother barely touched his dinner. He keeps accusing himself,// saying that if only he had closed Joy's cage door,/ the bird _____.

(a) is flying off

(b) has not flown off

(c) will have flown off

(d) would not have flown off

앵무새 Joy를 잃은 것에 여전히 슬퍼하면서// 내 남동생은 저녁을 좀처럼 손도 대지 않았다. 그는 계속 자책한다.// 자신이 Joy의 새장 문을 닫았더라면,/ 그 새가 날아가지 않았을 것이라고 말하면서

해설 가정법 과거 완료로서 if절이 had pp이므로, 귀결절은 '조동사의 과거형+have+pp' u.237/139쪽 참조

어휘 still 여전히 feel sad 슬퍼하다 over ~에 대하여 loss 상실 parrot 앵무새 barely=scarcely=hardly 거의 ~하지 않다 keep(continue) ~ing 계속 ~하다 accuse(blame) oneself 자책하다 cage 새의 우리 fly off 날아가 버리다

17

정답 : (b)

In this electronic age,// it is urgent that developing countries keep pace with the times. Luckily,// a few organizations such as the World Bank/ _____ loans/ for universal access to communication technologies.

(a) had provide

(b) are providing

(c) should provide

(d) will have provided

이 전자 시대에는// 개발도상국들이 시대에 보조를 맞추는 것이 절실하다. 다행히도.// 세계은행과 같은 몇몇 기구들이/ 대출을 제공하고 있다/ 통신 기술에 대한 광범위한 접근을 위해.

해설 in this electronic age라는 현 시점을 주었으며 문맥상 가장 자연스러우므로 u.83/95쪽 참조

어휘 electronic age 전자 시대 urgent 절실한, 시급한 developing countries 개발도상국 luckily=fortunately 다행히도 keep pace with=keep up with 보조를 맞추다 the times 시대 a few 몇몇의 organization 단체, 기구, 조직 such as ~같은 the World Bank 세계은행 provide 제공하다 loan 대출 universal 광범위한, 보편적인 access 접근 technology 기술

18

정답 : (c)

The fans of the New York Giants/ were shocked// when their football team lost to the Chicago Bears. They _____ four seconds before the end of the game// when the Bears' quarterback threw a 60-yard pass/ and scored a final touchdown.

(a) would celebrate

(b) are already celebrating

(c) were already celebrating

(d) have already been celebrating

뉴욕 자이언츠의 팬들은/ 충격을 받았다// 그들의 (미식) 축구팀이 시카고 베어스에 졌을 때. 그들이 벌써 경기가 끝나기 4초 전에 축하하고 있을 때// 베어스의 쿼터백이 60야드짜리 패스를 던져서/ 결승 터치다운을 기록해버렸던 것이다.

해설 when이 이끄는 종속절의 시제가 과거시제이므로 u.83/96쪽 참조

어휘 shock 충격을 주다 lose-lost-lost 경기에서 지다, 잃다 celebrate 축하(찬양, 기념)하다 second 초 end 끝, 종료 quarterback 미식축구에서 중앙 공격수 throw-threw-thrown 던지다 yard 약 90cm score 득점하다 a final touchdown 결승골

19

In positive psychology,// flow is the mental state of operation// in which a person performing an activity is fully immersed/ in a feeling of energized focus, full involvement, and enjoyment/ in the process of the activity. In common etiquette,// it is important that people _____ someone who is "in the zone.

(a) not disturb   (b) will not disturb
(c) must not disturb   (d) are not disturbing

긍정 심리학에서// 흐름은 정신적 작동상태이다// 그 상태에서 활동을 수행하는 사람은 완전히 몰입한다/ 활기찬 집중, 완전한 참여 및 즐거운 감정에/ 그 활동 과정에서. 평범한 예절에서// 사람들이 "그 지대(몰입상태)에 있는 사람을 방해하지 않는 것이 중요하다.

해설 important 다음 that절에서는 가정법 현재, 즉 '원형동사'가 오므로 u.244/327/168쪽 참조
어휘 positive psychology 긍정 심리학 flow 흐름 mental 정신적인 state 상태 operation 작동, 작용 perform 수행하다 activity 활동 fully 완전히, 충만히 be immersed(engrossed, soaked) in ~에 몰입하다 energized focus 활기찬 집중 involvement 참여, 관여 enjoyment 즐거운 process 과정 common 평범한, 흔한 etiquette 예절 important 중요한 disturb 방해하다 zone 지대, 지역, 시간대

20

David Copperfield/ keeps on fascinating audience/ with his magic tricks. In his last performance,// he even carried a lady from the audience in the arm// while twirling in the air. _____ to do this trick/ is simply amazing!

(a) How he would   (b) How he was able
(c) How he was going   (d) How he could be able

David Copperfield는/ 계속 관객들을 매료시킨다/ 자신의 마술로. 그의 지난번 공연에서,// 그는 심지어 관객의 한 여성을 팔에 안고 가기도 했다// 공중에서 빙글빙글 도는 동안에. 어떻게 그가 이런 묘기를 할 수 있었는지는/ 정말 놀랍다!

해설 be able to가 '~할 수 있다'의 뜻이며, 간접 의문문 어순은 '의문사+주어+동사'의 어순이므로 u.56/162/106쪽 참조
어휘 keep(go) on=continue 계속해서 ~하다 fascinate 매혹하다 audience 관객 magic tricks 마술묘기 performance 공연 arm 팔 while ~하면서 twirl 빙빙 돌다 air 공중 be able to ~할 수 있다 simply 실로, 정말, 그저, 단순히 amazing 놀라운

21

My parents say// that Niagara Falls is one of the most breathtaking scenes/ they have ever visited. If I were to have a chance to go there, I _____ take a helicopter ride/ to experience a view of the falls from the sky.

(a) am taking   (b) would like to take
(c) will be taking   (d) would have taken

나의 부모님은 말씀하신다// 나이아가라 폭포가 가장 숨 막히는 장면 중 하나라고/ 그들이 지금까지 방문한 (곳 가운데서). 만약 내가 그곳에 갈 기회가 생긴다면,// 나는 헬리콥터를 탑승을 하고 싶다/ 하늘에서 폭포의 광경을 경험하기 위해서.

해설 제2 조건문으로서 if 절에 were to가 오면, 귀결절에서는 '조동사의 과거시제'가 오므로 u.235/236쪽 참조
어휘 the most breathtaking 가장 숨 막히는 scene 장면 chance 기회 ride 탑승 experience 경험하다 view 광경

120 유니크 쑥쑥 G-TELP 511제

22

In both developed and developing countries,// technologies
_____ innovative solutions/ to complex challenges
across a broad range of sectors/ from health and education to
transport, disaster risk management, or agriculture.

(a) are quickly unlocking   (b) will be quickly unlocked

(c) has quickly unlocked   (d) will have quickly unlocked

선진국과 개발도상국 모두에서,// 기술은 혁신적인 해결책을 빠르게 밝혀내고 있다/ 광범위한 분야에 걸친 복잡한 과제에 대해서/ 건강과 교육에서부터 운송, 재해 위험 관리 또는 농업에 이르기까지.

해설 현재의 성장 발전하는 모습을 나타내며 목적어가 있으므로 능동이며, 주어가 복수이므로 u.83/95쪽 참조

어휘 both A and B: A와 B 둘 다 developed countries 선진국 developing countries 개발도상국 technology 기술 quickly 빠르게 unlock 해결하다 innovative 혁신적인 solution 해결책 complex 복잡한 challenge 난제, 과제, 도전 across 가로질러, 걸쳐서 a broad range of 광범위한 sector 분야 from A to B: A에서 B에 이르기 까지 health 건강 education 교육 transport 운송 disaster 재난, 재양 risk 위기, 위험 management 관리, 조절 agriculture 농업

23

As he had his left elbow injured at the game two weeks ago,//
baseball player Clayton Kershaw will not be playing this week.
He _____ a strict rehabilitation program for the last two
weeks, in preparation for the World Series.

(a) undergoes   (b) had undergone

(c) will have undergone   (d) has been undergoing

2주 전 경기에서 왼쪽 팔꿈치를 다쳐서,// 야구선수 클레이턴 커쇼는 이번 주에 출전하지 않을 예정이다. 그는 월드시리즈에 대비해 지난 2주 동안 엄격한 재활 프로그램을 받고 있다.

해설 for the last two weeks(지난 2주 동안)이라는 기간이 있으므로 u.83/91쪽 참조

어휘 have one's left elbow injured 왼쪽 팔꿈치를 다치다 this week 이번 주 undergo 겪다, 검사 따위를 받다 strict 엄격한 rehabilitation 재활 in preparation for ～을 대비해서

24

In a year after Harry started his business,// his investment has
nearly doubled. If he _____ his advisor about what kind of
business to start,// his business would not be so profitable now.

(a) did not consult   (b) has consulted

(c) was consulting   (d) had not consulted

해리가 사업을 시작한 지 1년 만에,// 그의 투자금액은 거의 두 배가 되었다. 그가 어떤 사업을 시작해야 할지 조언자와 상의하지 않았더라면,// 그의 사업은 지금 그렇게 큰 이익을 거두지 못했을 것이다.

해설 과거와 현재의 내용을 담고 있는 혼합 가정법이므로 u.238쪽 참조

어휘 in+시간 ～만에 investment 투자, 투자액 nearly=almost=all but 거의 double 두 배가 되다 consult 상의하다, 당담하다 advisor 조언자, 고문 profitable 이익이 남는, 유익한

25

정답 : (a)

Our school's basketball team made it to the final games// after passing through the fierce semifinal. Although the players were worn out,// the coach demanded// that they _____ hard/ for the finals.

(a) still practice

(b) still practiced

(c) must still practice

(d) would still practice

우리 학교 농구팀은 결승전에 진출했다// 치열한 준결승을 통과한 후. 선수들은 녹초가 되어있었지만,// 감독은 요구했다// 그들이 여전히 열심히 연습할 것을/ 결승전을 대비해서.

해설 요구하다(demand) 다음 that절에서는 가정법 현재, 즉 '원형동사'가 오므로 u.244/120쪽 참조

어휘 basketball 농구 make it to the final games 결승전에 진출하다 pass through 통과하다 fierce 치열한 semifinal 준결승 although=though=even though=while=notwithstanding ~이지만 worn out=exhausted 녹초가 된 coach 감독, 코치 demand 요구하다 still 여전히 practice 연습하다 hard 열심히 final 결승전

26

정답 : (c)

Cyclist Victor Truman won his ninth Tour de Manille// when he was 45 years old. Depending on determination more than on physical strength,// he made his way to the finish line/_____ forever into the record books.

(a) or

(b) as

(c) and

(d) but

사이클리스트 빅토르 트루먼(Victor Truman)은 자신의 아홉 번째 투르 드 마닐 (Tour de Manille)에서 우승했다// 45 살 때. 체력보다는 결단력에 의지하여,// 그는 결승선을 통과하여/ 영원히 기록 책 속으로 들어갔다.

해설 '서술의 연속'을 나타내므로 u.131쪽 참조

어휘 TOUR de Manille 프랑스와 필리핀의 우호관계를 기념하는 자전거 축제 depend(rely, rest, lean, fall back) on ~에 의존하다 determination 결단력 physical strength 체력 make one's way to the finish line 결승선을 통과하다 forever=for good=for good and all=permanently=perpetually=eternally=everlastingly 영원히

01

The company/ has set up/ 20 wind turbines/ off the coast of California. The company _____ for a viable site/ for three years/ before they finally chose the coastal city of Oxnard/ for its stations.

(a) has searched
(b) had been searching
(c) was searching
(d) will have been searching

그 회사는/ 설치했다/ 20개의 풍력 터빈을/ 캘리포니아 연안에. 그 회사는 실행 가능한 부지를 찾아 다녔다/ 3년 동안/ 그 후 마침내 Oxnard라는 해안 도시를 선택했다/ 그 부지로.

해설 해안 도시를 선택한 것이 과거이고, 그 때까지 3년 동안 찾아 다녔으므로 '과거완료 진행형' 시제가 됨 u.83/97쪽 참조

어휘 company 회사 set up=establish=install 설치하다 turbine=an engine that provides continuous power 원동기 off the coast of ~의 연안에 viable 실행 가능한 site 부지 finally 마침내 choose 선택하다 coastal 해안의 station 부지, 장소

02

Puerto Galera/ is a beautiful beach resort community/ in Mindoro Island in the Philippines. Local residents/ accept local and foreign tourists/ as stay-in guests. What makes the place even more interesting/ are five inland hamlets with tree-lined routes/ with sweeping views of the island's less aquatic side/ away from the _____ part of town.

(a) as busy as
(b) busier than
(c) as busy
(d) busiest

Puerto Galera는/ 아름다운 해변 휴양지이다/ 필리핀의 민도로 섬에 있는. 지역 주민들은/ 지역 및 외국인 관광객들을 받아들인다/ 체류 손님으로. 그 곳을 더욱 더 흥미롭게 만드는 것은/ 나무가 늘어선 길이 있는 5개의 오지마을이다/ 섬의 덜 수생적인 면의 광범위한 모습을 갖춘/ 마을의 가장 바쁜 지역으로부터 멀리 떨어진.

해설 the+최상급: 가장 ~한 u.298/335/309/378쪽 참조

어휘 beach resort community 해변 휴양지 local resident 지역 주민 accept 받아들이다 foreign tourist 외국인 관광객 stay-in guest 체류 손님 what ~한 것 inland 내륙의 hamlet 오지마을 tree-lined 나무가 늘어선 route 길, 노선 sweeping 광범위한 view 모습, 광경 aquatic 수생의, 물의 away from ~로부터 떨어져서 as busy as ~처럼 바쁜

03

Stella loves spicy foreign food. If you plan to invite her out on a date,/ taking her out to dinner at a Vietnamese or Thai restaurant/ would impress her/ _____ taking her out to an American-style steakhouse.

(a) best
(b) better than
(c) most
(d) less than

스텔라는 매운 외국 음식을 좋아한다. 만약 당신이 그녀를 데이트에 초대할 계획이라면,/ 그녀를 베트남이나 태국 레스토랑에서 저녁 식사 하러 데리고 나가는 것이/ 그녀에게 더 좋은 인상을 줄 것이다/ 그녀를 미국식 스테이크 전문점으로 데리고 나가는 것보다.

해설 문맥상 가장 자연스러우므로 u.296/298쪽 참조

어휘 spicy 매운 foreign food 외국 음식 plan to ~할 계획을 하다 invite 초대하다 take someone out 데리고 나가다 on a date 데이트를 위해서 Vietnamese 베트남의 Thai 태국의 impress 인상(감동, 감명)을 주다 steakhouse 스테이크 전문점

04

정답 : (c)

Car technicians warn// that a car will not give a smooth ride// if any of its four tires is not balanced. They point out// that an out-of-balance tire/ will make the car vibrate at certain speeds,/ usually from 50 mph to 70 mph. They explain// that a tire is out of balance/ when one section of it is _____ than the others.

(a) heavy as
(b) heaviest
(c) heavier
(d) as heavy

자동차 기술자들은 경고한다// 차가 매끄러운 승차감을 주지 않을 것이라고// 4개의 타이어 중 하나라도 균형이 맞지 않으면. 그들은 지적한다// 균형이 맞지 않는 타이어는 자동차를 떨리게 만들 것이라고/ 일정한 속도, 대개 50mph에서 70mph 속도에서. 그들은 설명한다// 타이어가 균형을 잃는다고/ 타이어의 한 부분이 나머지 부분보다 더 무거울 때.

해설 뒤에 than이 왔으므로 비교급이 앞에 와야 함 u.296/150쪽 참조

어휘 technician 기술자 warn 경고하다 a smooth ride 부드러운 승차감 balanced 균형 잡힌 point out=indicate 지적하다 an out-of-balance tire 균형이 맞지 않는 타이어 vibrate 떨리다, 진동하다, 흔들리다 at certain speeds 일정한 속도에서 usually 대개 explain 설명하다 be out of balance 균형을 잃다 section 부분 the others 나머지 heavy 무거운

05

정답 : (a)

Some people believe// that coffee can cause acne. However,// Platt University dermatology professor Reginald Brown says// that acne is caused more by physical stress and hormonal problems than by drinking coffee. Therefore,// he explains,// people who _____ coffee as a stimulant/ have nothing to worry about.

(a) have been taking
(b) have been taken
(c) are being taken
(d) were taken

일부 사람들은 믿는다/ 커피가 여드름을 일으킬 수 있다고. 그러나,// Platt 대학의 피부과 교수인 Reginald Brown은 말한다// 여드름은 커피를 마시는 것보다 신체적 스트레스와 호르몬 문제로 인해 발생된다고. 따라서// 그는 설명한다// 커피를 각성제로 복용해오고 있는 사람들은 걱정할 것이 없다고.

해설 목적어가 있으므로 능동이며 '과거부터 지금까지 죽 해오고 있다' 뜻이므로 u.83/97/335/186쪽 참조

어휘 believe 믿다 cause 유발하다, 원인이 되다 acne 여드름 freckle 주근깨 however 그러나 dermatology professor 피부과 교수 physical 신체적 problem 문제 more B than A: A라기 보다는 B by ~ing ~ing 함으로써 therefore=so=thus 그러므로 explain 설명하다 stimulant 각성제, 자극제 have nothing to worry about 걱정할 것이 없다

06

정답 : (d)

Mary would like to have her own room starting next month. She says/ she needs her own space// as she _____ a room with her younger sister Lily since ten years ago/ and she is no longer a child.

(a) is sharing
(b) had shared
(c) would share
(d) has been sharing

메리는 다음 달부터 자기 방을 갖고 싶어 한다. 그녀는 말한다/ 자신만의 공간이 필요하다고// 왜냐하면 10년 전부터 여동생 릴리와 방을 같이 쓰고 있고/ 이제 더 이상 어린이가 아니기 때문에.

해설 과거(10년 전)부터 현재까지 동생과 함께 방을 사용하고 있으므로 '현재완료 진행형' 시제가 되어야 함 u.83쪽 참조

어휘 would like to=would love to=want to ~하고 싶어 하다 own 자신의 starting next month 다음 달부터 space 공간 share A with B: A를 B와 함께 사용하다 younger sister 여동생 since ~부터 no longer=not ~any longer=not ~longer 더 이상 ~이 아니다

George, an IT expert,/ has studied the usefulness of his company's website. He has identified its poorly visited pages/ and suggested some major improvements. However,/ his manager thinks/ that his recommendations would have carried more weight if he _____ the specific website users and their information needs.

(a) had also identified
(b) will also be identifying
(c) would also be identified
(d) had also been identified

IT 전문가인 George는/ 자기 회사 웹사이트의 유용성에 대해 연구해 왔다. 그는 잘 방문되지 않은 페이지를 확인하고/ 몇 가지 주요 개선사항을 제안했다. 하지만,//그의 경영자는/ 생각한다// 만약 그가 특정 웹사이트 사용자들과 그들의 정보 욕구를 확인했더라면 그의 권장사항이 더 많은 비중을 차지했을 것이라고.

해설 목적어가 있으므로 능동태이며, 귀결절 시제가 가정법 과거 완료시제(would have pp)이므로 u.237/91/531/335쪽 참조

어휘 expert 전문가 usefulness 유용성 company 회사 identify 확인하다 poorly 형편없이 visit 방문하다 suggest 제안하다 major improvements 주요 개선사항 however 그러나 manager 경영자 recommendations 권장사항 identify 확인하다 carry weight 비중을 차지하다 specific 특정한 information needs 정보 욕구(검색해서 정보를 찾고자 하는 욕구)

My uncle loves to travel abroad. He spends lots of money visiting famous cities and tourist spots. He says// that if he did not make an effort to learn about other people and places, he _____ as cultured as he thinks he is.

(a) will not be
(b) was not
(c) would not be
(d) would have been

내 삼촌은 해외여행을 좋아한다. 그는 많은 돈을 유명한 도시와 관광지를 방문하는데 쓴다. 그는 말한다// 자신이 다른 사람들과 장소에 대해 배우기 위해 노력하지 않는다면,/ 그는 자신이 생각하는 것만큼 교양이 없을 것이라고.

해설 제2 조건문(가정법 과거)으로서 if절의 시제가 과거이므로 귀결절의 시제도 조동사의 과거시제가 되어야 함 u.234쪽 참조

어휘 uncle 삼촌 travel abroad 해외여행을 하다 spend-spent-spent 소비하다, 쓰다 lots of=a lot of=plenty of 많은 visit 방문하다 famous=famed=noted=renowned=celebrated=distinguished=well-known 유명한 tourist spot 관광지, 관광명소 make an effort=bestir oneself=endeavor 노력하다 cultured 교양 있는 as ~as ~만큼

The US Apollo 11 mission, launched on July 16, 1969,/ was to land humans on the moon/ for the first time. As Neil Armstrong _____ his first steps on the moon, he got a sudden call from the president.

(a) is taking
(b) was taking
(c) will be taking
(d) has been taking

1969 년 7월 16일에 발사 된 미국의 아폴로 11호 임무는/ 달에 인간을 착륙시키는 것이었다/ 최초로. 닐 암스트롱이 달에 첫발을 내딛고 있을 때, 그는 대통령으로부터 갑작스런 전화를 받았다(갑작스런 전화가 걸려왔다).

해설 첫발을 내딛는 시점과 전화가 걸려온 시점이 동일하므로 u.83쪽 참조

어휘 mission 임무 launch 발사하다 July 7월 land 착륙시키다 human 인간 the moon 달 for the first time 최초로, 처음으로 take one's steps 발을 내 딛다 get a sudden call 갑작스런 전화를 받다 from the president 대통령으로부터

독해와 어휘편

■ 독해는 40분이며 내용 일치나 불일치만 묻습니다.   ❸ 반드시 질문을 먼저 읽고 질문과 예문속의 단어를 본문에서 찾으세요.

❷ 독해문제의 답은 모두 본문 속에 들어있습니다.   ❹ 본문의 짙은 흑색은 유니크 쏙쏙 영문법에서 찾아 공부할 부분입니다.

DIRECTIONS

You will read four passages. Each passage **is followed by** comprehension and vocabulary questions. u.478
From the four choices for each item,/ **choose** the best answer. Then **blacken** in the correct circle on your answer sheet. u.43

여러분은 4개의 인용문을 읽게 됩니다. 각 글은 본문 이해와 어휘 문제가 뒤따릅니다. 각 항목에 대한 네 가지 선택 중에서,/ 가장 적합한 답을 고르세요. 그런 다음 답안지에 있는 올바른 원을 검게 칠하세요.

PART 1 **Read** the following biographical narrative and **answer** the questions. The underlined words in the article/ are for vocabulary questions. u.531

제 1부. 다음의 전기적 서술문을 읽고 질문에 답하세요. 그 글 속의 밑줄 친 단어들은/ 어휘 문제를 위한 것들입니다.

Bertrand Russell

The British philosopher and writer Bertrand Arthur William Russell/ was born in Trelleck, Wales,/ on May 18, 1872.

영국의 철학자이자 작가인 Bertrand Arthur William Russell은/ 웨일스의 트렐렉에서 태어났다/ 1872년 5월 18일에.

The son of **John, the Viscount of Amberley**, and his wife Katherine,// he was also a grandson of Lord John Russell, a former British prime minister. u.540

앰벌리의 자작인 John과 그의 아내 Katherine의 아들이자,// 그는 또한 전 영국 총리였던 존 러셀 경의 손자였다.

Orphaned at age three,// Bertrand and his elder brother/ **were raised by** their grandparents. u.140/32/478

세 살 때 고아가 되어,// Bertrand와 그의 형은/ 조부모에 의해 양육되었다.

He learned French and German early in life/ and acquired a strong sense of social consciousness. u.531

그는 프랑스어와 독일어를 일찍부터 배웠고/ 사회의식에 대한 강한 관념을 습득했다.

어휘

read 읽다
passage 구절, 글
A is followed by B A의 뒤에 B가 오다
comprehension 독해
vocabulary questions 어휘 문제
choice 선택
item 항목
blacken 검게 칠하다
correct 올바른
answer sheet 답안지
the following 다음에 오는
biographical narrative 전기적 서술문
answer the questions 질문에 답하세요
underlined 밑줄 친
article 기사, 글
philosopher 철학자 be born 태어나다
May 5월
duke 공작 - marquis 후작 - earl(count) 백작
- viscount 자작 - baron 남작
grandson 손자
a former British prime minister.
전 영국 총리
orphan 고아로 만들다
elder brother 형
raise-raised-raised 양육하다, 기르다
acquire=gain=obtain=come by 습득하다
a strong sense of social consciousness.
사회의식에 대한 강한 관념

Russell obtained a first-class degree/ from Trinity College in Cambridge,// **after which** he worked briefly/ as an *attaché*/ at the British embassy in Paris. u.323/327
러셀은/ 케임브리지 Trinity 대학에서 1등급 학위를 받았고,// 그 후 잠시 일했다/ 부관(대사관원)으로/ 파리 주재 영국 대사관에서.

He married Alys Pearsall Smith in 1894// but eventually divorced her.
그는 1894년 Alys Pearsall Smith와 결혼했으나// 결국 그녀와 이혼했다.

In 1903,/ he published his Principles of Mathematics,/ **in which** he argued/ that mathematics could be derived from logic.
1903년/ 그는 수학의 원리를 출판했다./ 그 책에서 그는 수학이 논리로부터 파생될 수 있다고 주장했다. u.323/327

Later,// **co-writing** with Alfred North Whitehead,/ he further expounded on the ideas contained in the book/ in the *monumental* Principia Mathematica (1910-1913). u.138/134
후에,// 알프레드 노스 화이트헤드와 공동 집필을 하여/ 그는 그 책속에 포함되어 있는 개념들을 한층 더 설명했다/ 기념비적인 Principia Mathematica (1910–1913년) (수학의 기초에 관한 3 권짜리 작품)에서.

In 1910,/ Russell was appointed lecturer/ at Trinity College.
1910년에/ 러셀은 강사로 임명되었다/ Trinity 대학에서.

When World War I broke out, however,// he became engrossed in politics.
그러나 제1차 세계대전이 발발했을 때,// 그는 정치에 몰두했다.

He came into conflict with the British government/ because of his *pacifism* and refusal to bear arms on moral grounds.
그는 영국 정부와 갈등을 빚게 되었다/ 그의 평화주의와 도덕적인 이유로 무기를 소지하는 것을 거부했기 때문에.

This resulted in the loss of his Trinity fellowship in 1916/ and his imprisonment for six months in 1918.
이로 인해 1916년에는 Trinity 연구원 자격을 상실하였고/ 1918년에는 6개월간 투옥되었다.

It was while in prison **that** he wrote his Introduction to Mathematical Philosophy in 1919. u.333
그가 1919년에 수학철학 입문서를 쓴 것은 바로 교도소에 있을 때였다.

Upon his release,/ he visited Russia and China.
석방되자마자/ 그는 러시아와 중국을 방문했다.

어휘

obtain=get=gain=acquire=come by 얻다
a first-class degree 1등급 학위
(평균 90점 이상으로 석사학위를 거치지 않고 바로 박사학위로 지원할 수 있는 자격이 주어짐)
briefly 잠시
attaché 부관, 대사관원, 외교관 보
embassy 대사관
eventually=finally=after all 마침내
divorce 이혼하다
publish 출판하다
Principles of Mathematics 수학의 원리
argue 주장하다
be derived from logic 논리로부터 파생되다
later 후에
co-write 공동 집필하다
further 한층 더
expound=explain=account for 설명하다
contain=include=involve=embody 포함하다
monumental 기념비적인, 엄청난
appoint 임명하다, 지정하다, 정하다
lecturer 강사, 강연자
break out=crop up=come up=come about =come to pass=betide=happen 발생하다
become engrossed(soaked, lost) in =be preoccupied(infatuated) with 몰두하다
politics 정치
come into conflict with ~와 갈등을 빚다
government 정부
because of=owing(due)to=on account of =on the grounds(score) of ~때문에
pacifism 평화주의
refusal 거부
bear arms 무기를 지니다
on moral grounds 도덕적인 이유로
result in=bring on(about, forth) 초래하다
loss 상실
fellowship 구원 자격
imprisonment 투옥
prison 감옥, 교도소
Introduction to Mathematical Philosophy 수학철학 입문서
upon one's release 석방되자마자

When he got back to England,// he and his second wife, Dora Black, **founded** the progressive Beacon Hill School for children,/ and they co-managed it for four years. u.32
그가 영국으로 돌아왔을 때,// 그와 그의 두 번째 부인인 Dora Black은 아동들을 위한 진보적인 비콘 힐 학교를 설립하여/ 4년 동안 그것을 공동 관리했다.

In 1931,// when his brother died,/ Russell inherited the title 3rd Earl Russell.
1931년// 그의 형이 죽자/ 러셀은 제3대 백작 러셀이라는 칭호를 물려받았다.

Divorced by Dora in 1935,/ he married Patricia Helen Spence the following year. u.140
1935년 Dora와 이혼한/ 그는 Patricia Helen Spence와 결혼하였다 그 이듬해에.

This second divorce and re-marriage/ made his book Marriage and Morals (1932) highly controversial.
이 두 번째 이혼과 재혼은/ 그의 책 '결혼과 도덕'(1932년)을 큰 논란거리로 만들었다.

In 1938,/ Russell went to the United States/ to teach as a lecturer at the City College in New York. u.110
1938년/ 러셀은 미국으로 갔다/ 뉴욕에 있는 시티 칼리지에서 강사로 가르치기 위해.

His appointment as lecturer/ was terminated in 1940/ because of complaints that he was an "enemy of religion and morality."
그의 강사로서의 임명은/ 1940년에 종료되었다./ 그가 "종교와 도덕의 적"이라는 불평 때문에.

This happened// **even if** he had already abandoned his pacifist stance the previous year. u.120
이런 일은 일어났다.// 비록 그가 이미 그 전 해에 평화주의 입장을 포기했지만.

When he returned to England after World War II,// he **was accorded** an Order of Merit,/ and he **was chosen** to give the first BBC Reith Lectures in 1948. u.478
2차 세계 대전 후 영국으로 돌아왔을 때,// 그는 공로훈장을 수여받았고/ 그 후 1948년에 첫 BBC Reith 강의를 하도록 선정되었다.

He was awarded the Nobel Prize for Literature in 1950,/ **earning** the citation of "champion of humanity and freedom of thought."
그는 1950년에 노벨 문학상을 받았다./ "인도주의 투사이자 사상의 자유"라는 칭호를 얻었다. u.138

get back to 돌아오다, 돌아가다
found-founded-founded 설립(창설)하다
progressive 진보적인
co-manage 공동 관리하다
inherit 물려받다
the title 3rd Earl Russell.
제3대 백작 러셀이라는 칭호
the following year 그 이듬해에
re-marriage 재혼
morals 도덕
highly 대단히
controversial 논란을 일으키는
lecturer 강사
appointment 임명
terminate 종식시키다
complaints 불평
enemy 적
religion 종교
morality 도덕
happen 발생하다
even if=even though=although=though =while=notwithstanding ～이지만
abandon=give up=desert 포기하다
pacifist stance 평화주의 입장
the previous year 그 전 해에
accord=award 수여하다
an Order of Merit 공로훈장
the Nobel Prize for Literature 노벨 문학상
earn 얻다
the citation of "champion of humanity and freedom of thought."
"인도주의 투사이자 사상의 자유"라는 칭호

Later in his life,// he continued to write and publish important works,/ among them the best-selling History of Western Philosophy (1945) and various papers on social, moral, and religious issues.
말년에// 그는 중요한 작품들을 계속 집필하여 발표했으며/ 그들 가운데는 베스트셀러인 서양 철학사(1945년)와 사회, 도덕, 종교 문제에 관한 다양한 논문들이 있다.

He married Edith Finch in 1952, his third marriage/ and then became an advocate of nuclear disarmament.
그는 1952년 Edith Finch와 세 번째 결혼을 했으며/ 핵 군축의 옹호자가 되었다.

When he was already 89 years of age,/ he was again imprisoned/ for joining an antinuclear demonstration.
그가 이미 89세인데도/ 그는 또 교도소에 갇혔다./ 반핵 시위에 참가했다는 이유로.

He wrote his three-volume autobiography (1967-1969)/ as his last major publication. u.110
그는 3권짜리 자서전(1967~1969)을 썼다/ 마지막 중요한 출판물로.

Russell died in Wales on February 2, 1970/ and **is considered** today **to be** a major philosopher and a leading social reformer of the 20th century. u.79
러셀은 1970년 2월 2일 웨일스에서 사망했으며/ 오늘날에는 20세기의 주요 철학자이자 주도적인 사회개혁가로 여겨지고 있다.

Adapted from www.biography.com, www.nobel.se, and other sources.
www.biography.com, www.nobel.se 및 기타 출처에서 발췌함

53. What was cited as a major attribute of the young Bertrand Russell?
젊은 Bertrand Russell의 주요 속성으로 인용된 것은 무엇인가?

(a) prolific in writing — 글쓰기를 많이 함
(b) deeply religious — 대단히 종교적이었음
(c) politically ambitious — 정치적으로 야망이 있었음
(d) socially aware — 사회적으로 의식이 있었음

54. Which book written by Bertrand Russell/ became the subject of heated public debate?
Bertrand Russell이 쓴 어떤 책이/ 열띤 공개 토론의 대상이 되었나요?

(a) History of Western Philosophy — 서양 철학사
(b) Introduction to Mathematical Philosophy — 수학적 철학의 입문
(c) Marriage and Morals — 결혼과 도덕
(d) Principles of Mathematics — 수학의 원리

어휘

continue to 계속해서 ~하다
publish 출판하다
works 작품
History of Western Philosophy (1945)
서양 철학사(1945년)
various papers 다양한 논문
on social, moral, and religious issues.
사회, 도덕, 종교 문제에 관한
become-became-become 되다
advocate=supporter 옹호자
nuclear disarmament 핵 군축
imprison 투옥시키다
join 참가하다, 합류하다
an antinuclear demonstration 반핵 시위
three-volume autobiography
3권짜리 자서전
last major publication.
마지막 중요한 출판물
February 2월
consider=repute=deem 간주하다
a major philosopher 주요 철학자
a leading social reformer
주도적인 사회개혁가
cite 인용하다
a major attribute 주요한 속성(특성)

정답과 설명

53. (d)
He learned French and German early in life/ and acquired a strong sense of social consciousness.(그는 프랑스어와 독일어를 일찍부터 배웠고/ 사회의식에 대한 강한 관념을 습득했다.)라는 문장이 답을 가르쳐 줍니다.

54. (c)
This second divorce and re-marriage/ made his book Marriage and Morals (1932) highly controversial. (이 두 번째 이혼과 재혼은/ 그의 책 '결혼과 도덕'(1932년)을 큰 논란거리로 만들었다.)라는 문장에서 controversial의 의미를 알아야 답이 나와요.

어휘력을 쉽게 넓힐 수 있도록 예문 바로 옆에 뜻을 써 놓았으니 자주 관찰하셔야 합니다.

55. What is not an appropriate description of Bertrand Russell?
Bertrand Russell에 대한 적절한 설명이 아닌 것은 무엇이죠?

(a) He exercised his freedom of expression to the fullest extent.   그는 표현의 자유를 최대한 행사했다.
(b) His major works emphasized the importance of critical thinking.   그의 주요 작품은 비판적 사고의 중요성을 강조했다.
(c) He was a very influential but controversial public figure.   그는 영향력이 있었지만 논란이 많은 공인이었다.
(d) His personal life precisely reflected conventional morality.   그의 사생활은 전통적인 도덕성을 정확하게 반영했다.

56. What was not mentioned about Bertrand Russell?
Bertrand Russell에 대해 언급되지 않은 것은?

(a) his children   그의 자녀들
(b) his political beliefs   그의 정치적 신념
(c) his major publications   그의 주요 출판물
(d) his education   그의 교육

57. In the context of the passage, *attaché* means _____.
이 글의 문맥에서, *attaché*는 _____ 을 의미한다.

(a) administrator   행정관, 국장
(b) researcher   연구가
(c) representative   대표자, 재외사절
(d) scholar   학자

58. In the context of the passage, *monumental* means _____.
이 글의 문맥에서, *monumental*은 _____ 을 의미한다.

(a) pretentious   우쭐대는, 가식적인, 허세부리는
(b) massive   훌륭한, 엄청난
(c) popular   인기 있는
(d) controversial   논란을 불러일으키는

59. In the context of the passage, *pacifism* means _____.
이 글의 문맥에서, *pacifism(평화주의)*은 _____ 을 의미한다.

(a) resistance to authority   권위에 대한 저항
(b) disapproval of tradition   전통에 대한 반대
(c) criticism of society   사회에 대한 비판
(d) opposition to war   전쟁에 대한 반대

어휘

appropriate 적절한
description 설명, 묘사
exercise 행사(발휘)하다
freedom of expression 표현의 자유
to the fullest extent 최대한
major works 주요 작품
emphasize=stress=accentuate 강조하다
critical thinking 비판적 사고
influential 영향력이 있는
controversial 논란이 많은
public figure 공인
personal life 사생활
precisely 정확하게
reflected 반영하다
conventional morality 전통적인 도덕성
mention 언급하다
attaché 대사관 직원, 공사관원
monumental=huge=enormous=gigantic
=massive=colossal=mammoth=immense,
=tremendous 엄청난, 어마어마한

정답과 설명

55. (d)
이혼과 재혼을 반복함으로써 도덕적 비난을 받았으므로 His appointment as lecturer/ was terminated in 1940/ because of complaints that he was an "enemy of religion and morality." 라는 문장에서 '도덕의 적'이라는 말이 나오죠?

56. (a)
children이라는 단어는 본문에서 한 번이라도 나오던가요?

57. (c)
어휘문제는 오직 실력으로 밖에 풀 수 있는 방법이 없으니 이 교재의 어휘를 모두 암기해보세요.

58. (b)
어휘문제는 오직 실력으로 밖에 풀 수 있는 방법이 없으니 이 교재의 어휘를 모두 암기해보세요.

59. (d)
어휘문제는 오직 실력으로 밖에 풀 수 있는 방법이 없으니 이 교재의 어휘를 모두 암기해두세요.

어휘력을 쉽게 넓힐 수 있도록 예문 바로 옆에 뜻을 써 놓았으니 자주 관찰하셔야 합니다.

PART 2 Read the following Web news feature/ and answer the questions. The underlined words in the article/ are for vocabulary questions.
제 2부. 다음 웹 뉴스 특집기사를 읽고/ 질문에 답하세요. 그 글 속의 밑줄 친 단어들은/ 어휘 문제를 위한 것들입니다.

Bridging the Gender Gap in Science
과학에서의 성별 격차 해소

In 1981,// when she arrived for a fellowship at Berlin's Institute for Advanced Study,// **Helga Nowotny, an Austrian sociologist**,/ found// that only one of the 19 other fellows was female. u.540
1981년// 베를린 고등 연구소의 연구원직을 위해 도착했을 때// 오스트리아의 사회학자 Helga Nowotny는/ 발견했다// 19명의 다른 동료 중 한 명만이 여성임을.

Today, she has returned to the Institute/ as a visiting academic,// and she finds the situation **to have changed** greatly. u.100/199
오늘날, 그녀는 연구소로 돌아 왔다/ 초빙교수로,// 그리고 그녀는 상황이 크게 바뀌었다는 것을 알게 되었다.

"Almost half of the fellows are women," she observes.
"동료들 중 거의 절반은 여성"이라고 그녀는 말한다."

Indeed,// researchers across the European Union/ are one in saying// that things are better than ever/ for women in science,// but they concede// that a lot still **needs to be done**. u.175
실제로// 유럽연합 전역의 연구원들은/ 한결같이 말한다// 상황이 그 어느 때보다도 낫다고/ 과학 분야의 여성들에게// 하지만 그들은 인정한다// 여전히 해야 할 일이 많다는 것을.

Even if Europe's need for scientific talent **has been growing**,/ many of its female scientists still do not get equal opportunities.
유럽의 과학적 재능에 대한 욕구가 (계속) 커지고 있음에도 불구하고/ 유럽의 많은 여성 과학자들은 여전히 동등한 기회를 얻지 못하고 있다. u.117/83

About 40% of doctoral-degree recipients/ are women,/ **as are** 30% of science and engineering graduates; in the private sector, however,// women make up only 15% of researchers. u.116
박사학위 취득자의 약 40%가 여성이고/ 이공계 졸업생 중 30%가 여성이다. 그러나 민간 부문에서는// 여성이 연구원의 겨우 15%만 차지한다.

This gender gap is biggest/ in Austria, **where** only 9% of researchers are female,// and in Germany, **where** the figure is 9.6%. u.346
이 성별 격차는 가장 크다./ 연구원의 겨우 9%만 여성인 오스트리아와,// 그 숫자가 9.6%인 독일에서.

어휘
news feature 뉴스 특집기사
answer the questions 질문에 답하세요
underlined 밑줄 친
article 기사, 글, 조항, 항목
vocabulary questions 어휘 문제
bridge 간격을 해소하다, 다리를 놓다
Gender Gap in Science
과학에서의 성별 격차
fellowship 연구원직
Institute for Advanced Study 고등 연구소
sociologist 사회학자
find-found-found 발견하다
other fellows 다른 동료
female 여성
a visiting academic 초빙교수
situation 상황
greatly 크게
almost=nearly=all but=next to 거의
indeed 실제로
researcher 연구원
across the European Union
유럽연합 전역의
be one in saying 한결같이 말하다
than ever 그 어느 때보다도
concede 인정하다
a lot=much 많은 일
still 여전히
need to be done=need doing 해야 한다
even if=even though=although=though
=notwithstanding=while 비록 ~이지만
need for scientific talent
과학적 재능에 대한 욕구
get equal opportunities.
동등한 기회를 얻다
about=around=approximately=some 대략
doctoral-degree recipient 박사학위 취득자
science and engineering graduates
이공계 졸업생
private sector 민간 부문
however 그러나
make up 구성하다, 차지하다
only=no more than=nothing but 겨우
figure 숫자

Only one woman has won a Nobel Prize/ in science—
Germany's Christiane Nüsslein-Volhard—/and only in the
1990s.
오직 한 명의 여성만 노벨상을 수상했다/ 과학 분야에서 – 독일의
Christiane Nüsslein-Volhard- 그것도 1990 년대에만.

The science laboratory/ has **remained** a traditionally
male-dominated place. u.64
과학 실험실은/ (지금까지) 전통적으로 남성 지배적인 장소로 남아 있다.

This, Nowotny points out,// is despite the fact that
women are "as gifted as men." u.120/335
노우트니는 지적한다// 여성이 "남성처럼 재능이 있다"는 사실에도 불구하
고 이러하다고.

She maintains/// that there must be a mechanism to
encourage women to compete. u.335/217
그녀는 주장한다// 여성들이 경쟁하도록 장려하는 장치가 있어야 한다고.

To bridge the gender gap,// the E.U. is trying to fund
initiatives to support women scientists and to require
gender-equality action plans. u.189/167/531
성별의 격차를 줄이기 위해// 유럽연합은 여성 과학자들을 지원하고 양성
평등 행동 계획을 요구하는 시책에 자금을 지원하려고 노력하고 있다.

Many researchers argue, though,// that science itself
tends to suffer// when factors **such as** gender **are used
to determine** funding. u.445/223
그러나 많은 연구자들은 주장한다// 과학 자체가 고통을 받기 쉽다고/ 성
(性)과 같은 요소들이 자금을 결정하는 데 사용될 때.

Also,// such policies focus on women// who have
already chosen scientific careers.
또한// 그러한 정책들은 여성들에게 초점을 맞추고 있다// 이미 과학적 직
업을 선택한 (여성들에게).

To **encourage** young people **to pursue** science,// the
researchers believe// that longer-term solutions **must** be
pursued. u.76/217
젊은이들에게 과학을 추구하도록 장려하기 위해서는,// 연구자들은 믿는
다// 장기적인 해결책을 추구해야 한다고.

An adviser at the Academy of Finland, Hannele Kurki,/
says// that an early introduction to science/ may help
break down gender *stereotypes*.
핀란드 아카데미 고문인 한넬 쿠르키는/ 말한다// 과학에 대한 조기 도입
이/ 성별 고정관념을 타파하는 데 도움이 될 수 있다고.

어휘

win a Nobel Prize/ in science
과학 분야에서 노벨상을 수상하다
science laboratory 과학 실험실
remain 남아 있다
a traditionally male-dominated place
전통적으로 남성 지배적인 장소
point out=indicate 지적하다
despite=in spite(despite, defiance) of
=notwithstanding=with all=for all
~에도 불구하고
as gifted as men 남성처럼 재능 있는
maintain 주장하다
must=have to ~해야 한다
mechanism 장치
encourage A to B: A에게 B하도록 장려하다
compete 경쟁하다
try to ~하려고 노력하다
fund 자금을 지원하다
initiatives 시책, 기업심, 진취적 기상
support=back(hold, prop) up 지원하다
require 요구하다
gender-equality action plans.
양성 평등 행동 계획
argue 주장하다
though 그러나
tend(trend) to
~하기 쉽다, ~하는 경향이 있다
suffer 고통을 당하다
factor 요인, 요소
such as ~ 같은
be used to +동사 원형 ~하는 데 사용되다
determine 결정하다
funding 자금
also 또한
such 그러한
policy 정책
focus on 초점을 맞추다
already 이미
choose-chose-chosen 선택하다
scientific career 과학적 직업
pursue 추구하다
longer-term solution 장기적인 해결책
pursue 추구하다
adviser 고문
an early introduction to science
과학에 대한 조기 도입
break down gender stereotypes
성별 고정관념을 무너뜨리다

With this Jürgen Hambrecht agrees,/ **observing**/ that girls are important "because of differences in character between men and women. u.138
이에 Jürgen Hambrecht는 동의하면서/ 말한다./ "소녀들이 중요한 이유는 남녀 간의 성격 차이 때문이라고.

In the workplace,// they are exactly the bridge we need."
직장에서// 그들은 정확히 우리가 필요로 하는 다리입니다."

Hambrecht is the chief executive of BASF, the German chemicals giant// that runs a laboratory// where young students of both genders get hands-on exposure to chemistry.
Hambrecht는 BASF라는 독일의 거대 화학회사의 최고 경영자다// 그 회사는 실험실을 운영한다// 두 성별의 젊은 학생들이 화학에 직접 노출되는 (실험실을)

Thankfully,// scientific institutions now also realize// **setting** the example/ is the best **way to inspire** young scientists,// **whether** female **or** male. u.155/181/59
다행스럽게도// 과학 기관들 또한 이제 깨닫고 있다// 모범을 보이는 것이/ 젊은 과학자들에게 영감을 주는 가장 좋은 방법이라는 것을// 여성이든 남성이든.

At the Berlin Institute 20 years ago,// Nowotny recalls,// the fellows were *incredulous*// that the only other female fellow in the institute was pregnant.
20년 전 베를린 연구소에서// Nowotny는 회상한다./ 동료들은 쉽게 믿지 않았다고// 연구소의 유일한 여성 동료가 임신했다는 것을.

Today,// to promote a family-friendly environment,// fellows are **encouraged to** bring their families. u.76
오늘날,// 가족 친화적인 환경을 조성하기 위해// 동료들은 가족을 데려 오도록 권장을 받는다.

This is just one way **for** institutions **to** make science a fulfilling career for more women. u.194
이것은 그저 기관들이 과학을 더 많은 여성들에게 성취감을 주는 직업으로 만드는 한 가지 방법에 불과하다.

Adapted from "Giving Girl Power a Boost" by Jeff Chu. www.time.com. January 11,2004
Jeff Chu가 쓴 '소녀의 힘에 활력을 불어 넣기'에서 발췌한 내용입니다.

어휘

agree with ~에 동의하다
observe 말하다, 관찰하다, 준수하다
because of=owing(due) to=on account of =on the grounds(score) of ~때문에
differences in character 성격상의 차이
between A and B: A와 B 사이에
In the workplace 직장에서
exactly 정확히
the chief executive 최고 경영자
chemicals giant 거대 화학회사
run 운영하다
laboratory 실험실
get hands-on exposure to chemistry. 화학에 직접 노출되다
thankfully 다행스럽게도
scientific institution 과학 기관
realize 깨닫다
set the example 모범을 보이다
inspire 영감을 주다
whether female or male 여성이든 남성이든
recall=recollect=remember 회상하다
fellow 동료
incredulous 쉽게 믿지 않다
pregnant 임신한
promote 조성(촉진, 홍보)하다
a family-friendly environment 가족 친화적인 환경
encourage 권장하다
institution 기관
a fulfilling career 성취감을 주는 직업

60. What is the dominant tone of the article?
그 기사의 지배적인 어조는 무엇인가요?

(a) skeptical   회의적인
(b) supportive   협력적인
(c) apologetic   변명적인
(d) dismissive   경멸적인

61. According to the passage, what is the percentage of women researchers in Europe's private sector?
이 글에 따르면, 유럽 민간 부문의 여성 연구자 비율은 얼마죠?

(a) 9%
(b) 9.6%
(c) 15%
(d) 30%

62. What is Helga Nowotny's opinion about women in science?
과학에 종사하는 여성에 대한 헬가 노보트니의 견해는 무엇이죠?

(a) There are few female scientists in Europe// because women are unsuited for the job.
유럽에는 여성 과학자가 거의 없다// 왜냐하면 여성이 그 일에 적합하지 않기 때문에.
(b) Few women win scientific awards// because males dominate award-giving bodies.
과학상을 받는 여성은 거의 없다// 왜냐하면 남성이 시상기관을 지배하기 때문에.
(c) More research fellowships/ should go to female scientists in the public sector.
더 많은 연구직이/ 공공 부문의 여성 과학자들에게 돌아가야 한다.
(d) Female scientists are as skilled as males.
여성 과학자들은 남성만큼 숙련되어 있다.

63. What is the E.U. is trying to do in order to bridge the gender gap in science?
유럽 연합은 과학의 성별 차이를 해소하기 위해 무엇을 하려고 노력하고 있나요?

(a) provide higher social security benefits to families of scientists.
과학자 가족들에게 더 높은 사회 보장 혜택을 제공한다.
(b) It is trying to fund initiatives to support women scientists and to require gender-equality action plans.
유럽연합은 여성 과학자들을 지원하고 양성 평등 행동 계획을 요구하는 시책에 자금을 지원하려고 노력하고 있다.
(c) revise the employment policies of scientific research institutes.
과학 연구 기관의 고용 정책을 개정한다.
(d) give more scholarships to female science students.
여성 과학도들에게 더 많은 장학금을 준다.

어휘

dominant 지배적인
tone 어조
article 기사
according to ~에 따르면
passage 글, 인용문
percentage 비율
researcher 연구자
private sector 민간 부문
opinion 의견, 견해
science 과학
few 거의 없는
female scientist 여성 과학자
unsuited=unfit=unjust=improper 부적합한
win scientific awards 과학상을 받다(타다)
male 남성
dominate 지배하다
award-giving bodies 시상기관
research fellowship 많은 연구직
public sector 공공 부문
as skilled as ~만큼 숙련된
in order to=so as to ~하기 위해서
provide 제공하다
social security benefits 사회 보장 혜택
revise 개정하다
employment policy 고용 정책
research institute 연구 기관
scholarship 장학금

정답과 설명

60. (b)
과학계의 성별격차를 줄이려는 노력을 지지하고 있으므로.

61. (c)
in the private sector, however,// women make up only 15% of researchers.
바로 이 문장에 들어 있는 private sector와 15%를 발견하셔야 합니다.

62. (d)
This, Nowotny points out,// is despite the fact that women are "as gifted as men."
바로 이 문장 속에 답이 들어 있습니다.

63. (b)
To bridge the gender gap,// the E.U. is trying to fund initiatives to support women scientists and to require gender-equality action plans.
바로 이 문장 속에 답이 들어 있습니다.

64. What is not mentioned in the passage?
이 글에서 언급되지 않은 것은?

(a) the compensation rates for male and female scientists
남녀 과학자에 대한 보상율

(b) a recent development in science education in Germany
독일의 과학 교육의 최근 발전

(c) women-friendly policies of certain scientific institutions
특정 과학 기관의 여성 친화적 정책

(d) the percentage of European science graduates
유럽의 과학 졸업생 비율

65. In the context of the passage,/ *stereotypes* means
_____ .

이 글의 문맥에서/ *stereotypes*는 _____을 의미합니다.

(a) traditions   전통
(b) conditions   조건/상황/환경
(c) influences   영향
(d) prejudices   편견

66. In the context of the passage, *incredulous* means
_____ .

이 글의 문맥에서, *incredulous*는 _____을 의미합니다.

(a) disappointed   실망한
(b) disbelieving   믿지 않는
(c) displeased   불쾌한
(d) disapproving   찬성하지 않는

어휘

mention 언급하다
passage 글, 인용문
compensation rate 보상율
a recent development 최근의 발전
women-friendly 여성 친화적인
policy 정책
certain 특정한
scientific institutions 과학 기관
percentage 비율
graduate 졸업생
context 문맥
stereotype=prejudice=bias 고정 관념, 편견
mean 의미하다
incredulous=disbelieving=unbelieving
=doubtful=dubious=unconvinced
쉽사리 믿지 않는, 의심 많은

정답과 설명

64. (a)
compensation rates라는 어휘는 본문에서
찾아볼 수 없는 단어죠?

65. (d)
고정관념은 편견과 같은 의미입니다.

66. (b)
동의어 문제는 어휘력을 넓히는 것 이외에
다른 방법이 없어요. 이제 암기해두세요.

어휘력을 쉽게 넓힐 수 있도록 예문 바로 옆에 뜻
을 써 놓았으니 자주 관찰하셔야 합니다.

PART 3 **Read** the following encyclopedia article and **answer** the questions. The underlined words in the article/ are for vocabulary questions. u.43/531

제 3부. 다음 백과사전 기사를 읽고 질문에 답하세요. 그 글 속의 밑줄 친 단어들은/ 어휘 문제를 위한 것입니다.

PLASTICS 플라스틱

Plastics are any of numerous organic synthetic or processed materials// **that** can be formed into various products. u.321

플라스틱은 수많은 유기 합성 또는 가공 처리된 물질 중 하나이며// 다양한 제품으로 형성될 수 있다.

Their molecules **consist of** large, long carbon chains// that give them their many unique and highly useful properties. u.63

그들의 분자는 크고 긴 탄소 사슬로 구성되어 있는데// 이들이 그것(분사)들에게 많은 독특하고 매우 유용한 특성을 제공한다.

Materials **made up of** these extended chainlike molecules/ are generally **known as** polymers. u.134/488

이러한 확장 된 사슬 모양의 분자로 구성된 물질은/ 일반적으로 중합체로 알려져 있다.

The word plastic/ comes from the words plasticus (Latin for "capable of molding") and plastikos (Greek for "to mold" or "fit for molding").

플라스틱이라는 단어는/ plasticus(라틴어로 '주조할 수 있는')와 plastikos (그리스어로 '주조하다' 또는 '주조에 적합한')라는 단어들에서 유래했다.

Materials **made of** plastics/ can be made **as strong as** steel,/ **as transparent as** glass,/ **as light as** wood,/ and **as elastic as** rubber. u.134/298

플라스틱으로 만들어진 재료는/ 강철만큼 강하고/ 유리처럼 투명하며/ 목재처럼 가볍고/ 고무처럼 탄력이 있을 수 있다.

They can also take on almost any color desired,/ and can be *alloyed*/ to generate more useful varieties.

그들은 또한 원하는 거의 모든 색상을 띨 수 있으며,/ 합금 될 수 있다/ 더 유용한 변형물을 만들기 위해.

To date,/ over 50 families of plastics/ **have already been produced**,/ and new types are currently under development.

현재까지/ 50개 이상의 플라스틱 제품군이/ 이미 생산되었으며/ 새로운 유형이 현재 개발 중에 있다. u.393/478

어휘

the following 다음의
encyclopedia 백과사전
answer the questions 질문에 답하세요
article 기사, 글
underlined 밑줄 친
vocabulary questions 어휘 문제
numerous 수많은
organic 유기의
synthetic 합성의
processed 가공 처리된
material 물질
various=diverse=a variety(diversity) of 다양한
product 제품
molecule 분자
consist of=be composed(comprised, constituted, made up) of ~로 구성되다
carbon chain 탄소 사슬
unique 독특한
highly 매우
useful 유용한
property 특성
extended 확장 된
chainlike 사슬 모양의
generally 일반적으로
known as ~로 알려져 있은
polymer 중합체(重合體): 중합하여 생성된 화합물《합성수지·나일론 등이 이에 포함됨》
capable of 할 수 있는
mold 주조하다
fit for ~에 적합한
as strong as steel 강철만큼 강한
as transparent as glass 유리처럼 투명한
as light as wood 목재처럼 가벼운
as elastic as rubber 고무처럼 탄력이 있는
take on almost any color desired 원하는 거의 모든 색상을 띠다
alloy=mix=combine=amalgamate 합금하다
generate=produce 생산하다
more useful varieties 더 유용한 변형물
to date=so far=thus far=until now =hitherto=heretofore 지금까지
currently 현재
under development 개발 중에 있는

Synthetic plastics/ are a relatively new invention,// but natural plastics have been in use/ for thousands of years.
합성 플라스틱은/ 비교적 새로운 발명품이지만,// 천연 플라스틱은 사용되어 왔다/ 수천 년 동안.

The ancient Egyptians/ engaged in the practice of wrapping their mummies in burial cloths **soaked in** resins,// **which** are gum-like or semisolid substances. u.134/323
고대 이집트인들은/ 그들의 미라를 송진에 적신 매장용 보자기에 싸는 관습을 수행했는데,// 그 송진은 껌과 같은 또는 반고체 물질이다.

Several other cultures **likewise**/ used natural resin-bearing animal horns and turtle shells/ to produce spoons, combs, and buttons. u.393
몇몇 다른 여러 문화권들도 마찬가지로/ 천연 송진을 지닌 동물 뿔과 거북이 등딱지를 사용했다./ 숟가락, 빗, 단추 등을 생산하기 위해서.

During the middle of the 19th century,// shellac (a substance secreted by the insect called lac)/ was used/ in molding small cases, phonograph records, and mirror frames.
19 세기 중반에는// shellac (lac이라고 불리는 곤충에 의해 분비 된 물질)이/ 사용되었다./ 작은 상자, 축음기 레코드 및 거울 틀을 만드는 데.

Scientists late in the 19th century/ **created** more types of plastics in the laboratory/ and **developed** more efficient ways of producing them. u.531
19 세기 후반의 과학자들은/ 더 많은 플라스틱을 실험실에서 만들었고/ 그것들을 생산하는 더 효율적인 방법을 개발했다.

Among the major contributors to the development of plastics/ **was** Leo Baekeland,// who created phenolic resin,/ **which** is also called Bakelite. u.528/323
플라스틱 개발에 기여한 주요 공헌자 중에는/ Leo Baekeland가 있었는데,// 그는 페놀 수지를 만들었으며,/ 그것은 Bakelite라고도 불린다.

This material/ has been used in making telephones, pot handles, and several other products.
이 재료는/ 전화기, 냄비 손잡이 및 기타 여러 제품을 제조하는 데 사용되어왔다.

By the 1930s,// German, British, and American companies/ had begun to produce water-soluble, flexible, and durable polymers called acrylics.
1930 년대 무렵,// 독일, 영국 및 미국 회사들은/ acrylics라 불리는 수용성, 유연성, 내구성이 뛰어난 폴리머(종합체)를 생산하기 시작했다.

어휘

synthetic plastics 합성 플라스틱
relatively 비교적
invention 발명(품)
natural 천연의
for thousands of years 수천 년 동안
The ancient Egyptians 고대 이집트인들
engage in 수행(종사)하다
practice 관습, 관행, 풍습
wrap 싸다
mummy 미라
burial 매장
cloth 보자기, 천
soak 적시다
resin 송진
gum-like 껌과 같은
semisolid 반고체
substance 물질
several 몇몇의
culture 문화
likewise=similarly=in a similar way
=in a likewise manner=in the same way
마찬가지로
resin-bearing 송진을 지닌
horn 뿔
turtle shell 거북이 등딱지
produce 생산하다
comb 빗
button 단추
during 동안에
mold 만들다, 주조하다
case 상자
phonograph record 축음기 레코드
mirror frame 거울 틀
late in the 19th century 19 세기 후반
create 창조하다, 만들다
laboratory 실험실
develop 개발하다
efficient 효율적인
among ~가운데
major 주요한
contributor 공헌자
development 개발
pot handle 냄비 손잡이
by 무렵
water-soluble 수용성의, 물에서 녹는
flexible 유연한
durable 내구성이 뛰어난

Now indispensable to modern life,// plastic are used
extensively/ in **such** industries **as** automobile and aircraft
manufacturing, food packaging, and health care. u.445
오늘날 현대 생활에 없어서는 안 될// 플라스틱은 광범위하게 사용되고 있
다/ 자동차와 항공기 제조, 식품 포장, 및 건강관리와 같은 산업에서.

Extremely **useful as they are**, however,// plastics also
have disadvantages. u.109
그러나 대단히 유용하지만,// 플라스틱은 또한 단점도 있다.

Some plastics/ produce _noxious_ fumes when burned,//
and their use/ has led to a growing garbage problem/ in
many parts of the world.
일부 플라스틱은/ 유해한 가스를 발생시킨다/ 연소될 때,// 그리고 그들의
사용은/ 점차 커져가는 쓰레기 문제를 가져왔다/ 세계 여러 지역에서.

To address this,// **such** ways **as** reducing plastics
consumption and recycling plastic wastes/ **are now
being pursued**. u.189/445/478
이 문제를 해결하기 위해,// 플라스틱 소비를 줄이고 플라스틱 폐기물을 재
활용하는 것과 같은 방법이/ 현재 추진되고 있습니다.

Adapted from "Plastics," Microsoft Encarta Online Encyclopedia
2004.
Microsoft Encarta Online Encyclopedia 2004의 "Plastics"에서 발췌한
내용입니다.
http://encarta.msn.com © 1997-2004 Microsoft Corporation.

67. What generic term is used for materials that are
composed of chainlike molecules?
사슬 모양의 분자로 구성된 물질에 대해 사용되는 일반적인 용어는 무
엇이죠?

(a) acrylic
(b) resins
(c) shellac
(d) polymers

68. In the Greek and Latin words from which "plastic"
was derived,// which property of the material is
described?
"플라스틱"이 유래 된 그리스어와 라틴어 단어에는// 재료의 어떤 성
질이 묘사 되어있죠?

(a) durability   내구성
(b) transparency   투명성
(c) flexibility   유연성
(d) lightness   가벼움

---

indispensable=essential
없어서는 안 될, 필수적인
modern life 현대 생활
extensively 광범위하게
such ~as ~과 같은
industry 산업
automobile 자동차
aircraft 항공기
manufacturing 제조
food packaging 식품 포장
health care 건강관리
extremely=exceedingly 지극히, 대단히
useful=of use 유용한
however 그러나
disadvantages 단점
noxious=harmful=detrimental=deleterious
=maleficent=malefic=injurious 유해한
fume 가스
burn 태우다
lead to=conduce to=result in 초래하다
growing 늘어나는
garbage 쓰레기
problem 문제
address=deal(do, cope) with 해결(처리)하다
reduce 줄이다
consumption 소비
recycle 재활용하다
waste 폐기물
pursue 추진(추구, 수행)하다
generic 일반적인
term 용어
be composed(constituted, made up) of
=consist of 구성되다
Greek 그리스의
be derived from 유래되다
property 성질
describe=depict=portray=delineate 묘사하다

정답과 설명

67. (d)
Materials made up of these extended
chainlike molecules/ are generally known
as polymers.
바로 이 문장 속에 답이 들어 있죠?

68. (c)
The word plastic/ comes from the words
plasticus (Latin for "capable of molding")
and plastikos (Greek for "to mold" or "fit
for molding").
'주조에 적합한'이라는 말은 그만큼 유연하여
다양한 형태로 만들 수 있다는 뜻이잖아요.

69. According to the passage,// what major development in the history of plastics/ occurred in the late 19th century?
이 글에 따르면,// 플라스틱 역사에서 어떤 주요한 발전이/ 19세기 후반에 일어났죠?

(a) Industrial firms/ discovered natural resins useful in the production of plastics.
산업 회사들은/ 플라스틱 생산에 유용한 천연 수지들을 발견했다.

(d) American health care companies/ actively promoted plastic waste recycling.
미국 의료 회사들은/ 플라스틱 쓰레기 재활용을 적극적으로 장려했다.

(c) Plastics technology became a formal course in European universities
플라스틱 기술은 유럽 대학에서 정식 과정이 되었다.

(d) Scientists began to develop more and better ways of producing plastics.
과학자들은 플라스틱을 생산하는 더 많은 그리고 더 좋은 방법을 개발하기 시작했다.

70. Which industry was not mentioned as among those that use plastics extensively?
플라스틱을 광범위하게 사용하는 산업 중 어떤 산업이 언급되지 않았습니까?

(a) building construction 건축 공사
(b) car manufacturing 자동차 제조
(c) health care 건강관리
(d) food packaging 식품 포장

71. Which statement is not accurate about plastics?
어느 설명이 플라스틱에 대해 정확하지 않죠?

(a) Natural forms of plastic/ have been used/ by many civilizations/ over the millennia.
천연 형태의 플라스틱은/ 사용되어 왔다/ 많은 문명국가들에 의해서/ 수천 년 동안.

(b) The widespread use of plastics/ has had a negative effect on the environment.
플라스틱의 광범위한 사용은/ 환경에 부정적인 영향을 미쳤습니다.

(c) The search for more durable and more useful plastics/ is no longer being pursued.
보다 내구성이 있고 더 유용한 플라스틱에 대한 탐구가/ 더 이상 수행되고 있지 않다.

(d) Many varieties of plastic materials/ have become necessary/ in everyday living.
많은 종류의 플라스틱 재료가/ 필요하게 되었다/ 일상생활에서.

어휘

according to the passage
이 글에 따르면
major development 주요한 발전
history 역사
occur=happen=arise=take place 발생하다
in the late 19th century 19세기 후반에
industrial firm 산업 회사
discover=find out 발견하다
production 생산
health care company 의료 회사
actively 적극적으로
promote 장려(홍보, 촉진)하다
technology 기술
become-became-become 되다
a formal course 정식 과정
scientist 과학자
begin-began-begun 시작하다
industry 산업
mention 언급하다
statement 설명, 진술
accurate 정확한
civilizations 문명국가들
over the millennia 수천 년 동안
widespread=prevalent=far-reaching 광범위한
have an effect(impact, influence) on
=act(tell, work) on=affect=influence
=impact ~에 영향을 미치다
negative 부정적인
environment 환경
no longer=not ~any longer
=not ~any more 더 이상 ~하지 않다
many varieties of 많은 종류의
necessary 필요한
in everyday living 일상생활에서

정답과 설명

69. (d)
Scientists late in the 19th century/ created more types of plastics in the laboratory/ and developed more efficient ways of producing them.
바로 이 문장을 여러분이 찾으셔야 합니다.

70. (a)
Now indispensable to modern life,// plastic are used extensively/ in such industries as automobile and aircraft manufacturing, food packaging, and health care.
바로 이 문장에 extensively라는 단어가 들어 있죠. 그것을 여러분이 찾으시면 됩니다.

71. (c)
no longer라는 표현은 본문에 아예 없잖아요.

72. In the context of the passage, *alloyed* means
_____.

이 글의 문맥에서 *alloyed*란 _____을 의미한다.

(a) blended   혼합된
(b) melted   녹여진
(c) divided   나눠진
(d) shattered   부서진

73. In the context of the passage, *noxious* means
_____.

이 글의 문맥에서 *noxious*는 _____을 의미한다.

(a) widespread   널리 퍼진
(b) powerful   강력한
(c) smelly   냄새나는
(d) harmful   해로운

어휘

in the context of the passage
이 글의 문맥에서
mean 의미하다
alloy=mix=amalgamate=fuse=meld=blend 혼합하다. 합금하다. 섞다
widespread=far-reaching 광범위한
noxious=harmful=detrimental=deleterious=maleficent=malefic=injurious 유해한

정답과 설명

72. (a)

73. (d)

어휘력을 쉽게 넓힐 수 있도록 예문 바로 옆에 뜻을 써 놓았으니 자주 관찰하셔야 합니다.

PART 4 **Read** the following business letter and answer the questions. The underlined words in the article/ are for vocabulary questions. u.43/531
제 4부. 다음 사업상의 서신을 읽고 질문에 답하세요. 그 글 속의 밑줄 친 단어들은/ 어휘 문제를 위한 것들입니다.

November 6, 2009　　　　2009 년 11 월 6 일

Mr. Robert Pearson　　　Robert Pearson
Executive Director　　　전무이사
Pearson Architectural Group　피어슨 건축 그룹
58 Marlborough St.　　　말보로가 58번지
Boston, MA 02116　　　Boston, MA 02116

Dear Mr. Pearson:　　　친애하는 Mr. Pearson :

The Boston Architecture Society (BAS)/ is conducting several adult education classes/ for Summer 2010.
보스턴 건축 협회 (BAS)는/ 성인 교육 수업을 몇 차례 시행할 예정입니다/ 2010 년 여름.

We invite you and your personnel at the Pearson Architectural Group/ to enroll in any of these course offerings: u.76
저희는 피어슨 건축 그룹의 귀하와 귀하의 직원을 초대하는 바입니다/ 다음과 같은 과정 중 하나에 등록하시도록.

Historic European Architecture and Modern Boston.
역사적인 유럽 건축술 및 현대 보스톤.

Course participants will discover// how France in the Middle Ages/ and Italy during the Renaissance/ later influenced the construction of Boston's civic buildings, school campuses, and homes.
과정 참가자들은 발견할 것입니다// 중세의 프랑스와/ 르네상스 시대의 이탈리아가 나중에 보스톤의 시민 건물과, 학교 캠퍼스 및 주택 건설에 어떻게 영향을 미치는지를.

The resource person is Ms. Carolyn Jennings, art and architecture professor at the College of McGrath County, Madison, MA.
담당 전문가는 매사추세츠 주 매디슨 맥그래스 카운티 (McGrath County) 대학의 예술 및 건축 교수 인 Carolyn Jennings입니다.

the following 다음의
answer the questions 질문에 답하세요
article 기사, 글
underlined 밑줄 친
vocabulary questions 어휘 문제
dear 친애하는, 사랑하는
Architecture Society 보스턴 건축 협회
conduct 시행하다
several 몇 차례
adult education classes 성인 교육 수업
summer 여름
invite 초대(요청)하다
personnel 직원
architectural 건축의
enroll in 등록하다
course 과정
offering 강의 과목
historic 역사적인, 유서깊은
modern 현대의
participant 참가자
discover=find out 발견하다
the Middle Ages 중세
during the Renaissance 르네상스 시대에
later 나중에, 후에
influence=affect=impact=act(tell, work) on
=have an effect(impact, influence) on
～에 영향을 끼치다
construction 건설
civic 시민의
the resource person 담당 전문가
art 예술
professor 교수

Fundamentals of City Planning. 도시 계획의 기본.

Participants will take up issues of *urbanism*, or the lifestyles of city dwellers,// including theories of city structures and the history of urban design/ in Italy, France, and the United States.
참가자들은 도시 생활, 즉 도시 거주자의 생활양식 문제를 공부할 것입니다// 도시 구조에 대한 이론과 도시 디자인의 역사를 포함하여/ 이탈리아, 프랑스, 미국에 있어서.

The course will also analyze recent trends/ in North American and global city design. The resource person is Prof. John S. Spencer of the Urban Design Center, Boston University.
그 과정은 또한 최근 동향을 분석할 것입니다/ 북미와 전 세계의 도시 디자인에 있어서. 담당 전문가는 Boston University의 Urban Design Center의 John S. Spencer 교수입니다.

Architectural Geology of the Boston Area.
보스턴 지역의 건축 지질학.

Participants will learn the connection between natural elements and architecture/ and discover// how city planners altered the Massachusetts coastline and *sewerage* system.
참가자들은 자연 요소와 건축물 사이의 관계를 배우고/ 발견할 것입니다// 도시 설계자들이 어떻게 매사추세츠 해안선과 하수도 시스템을 변경했는지를.

This course includes three downtown walking tours. The resource person is Ms. Rowena O'Fanlon, environmental geologist of the State of Massachusetts.
이 과정은 3회의 시내 워킹 투어(걸어다니면서 시찰하는 것)를 포함합니다. 담장 전문가는 매사추세츠주의 환경 지질학자인 Rowena O'Fanlon입니다.

Please refer to the attached sheet/ for the course schedules, venues, and registration fees.
별첨표를 참조하여/ 코스 일정, 장소 및 등록비를 확인하십시오.

Your BAS membership/ entitles you and your personnel to a 15% discount. You may register in person/ at the BAS offices or online at www.bostonarchitecture.org.
귀하의 BAS 회원 자격은/ 귀하와 귀하의 직원에게 15% 할인을 제공합니다. 직접 등록 할 수 있습니다/ BAS 사무실이나 온라인 www.bostonarchitecture.org에서.

I look forward to your participation in at the BAS courses.
BAS 과정에 참가하기를 고대합니다.

Thank you. 고맙습니다.

Sincerely, 안녕히 계십시오.

어휘

Fundamentals of City Planning 도시 계획의 기본
take up 공부하다
issue 문제, 쟁점
urbanism 도시생활
or 즉
lifestyle 생활양식
city dweller 도시 거주자
include=involve=incorporate=encompass =embody=contain=cover=comprise 포함하다
theory 이론
structure 구조
history 역사
urban 도시의
also 또한
analyze 분석하다
recent 최근의
trend 동향, 경향, 추세
global 세계적인, 전 세계의
architectural geology 건축 지질학
area 지역
participant 참가자
connection 관계
between A and B: A와 B 사이에
natural element 자연 요소
discover=find out 발견하다
planner 설계자
alter=change 변경하다
coastline 해안선
sewerage 하수도, 하수시설
downtown 시내, 번화가, 중심가
walking tour 걸어 다니면서 시찰하는 것
the resource person 담당 전문가
environmental geologist 환경 지질학자
the State of Massachusetts 매사추세츠주
refer to 참조하다
the attached sheet 별첨표
venue 장소
registration fee 등록비
membership 회원 자격
entitle A to B: A에게 B의 권리를 주다
discount 할인
register 등록하다
in person 직접
look forward to 고대(기대)하다
participation 참가
Sincerely 편지 맺음말, 안녕히 계십시오

Claire B. Owens
Program Director
Boston Architecture Society
224 Storrow Drive, Boston MA 02116
Tel: (010) 36137932

클레어 B. 오웬스
프로그램 책임자
보스턴 건축 학회
주소
전화 번호: (010) 36137932

74. Why did the man write the letter? 남자는 왜 편지를 썼나요?

(a) to convince the woman to join an organization of architects. 여성에게 건축가 조직에 가입하도록 설득하기 위해서
(b) to invite the woman to the inaugural of a building in Boston. 그 여성을 보스턴에 있는 빌딩의 창립식에 초대하기 위해서
(c) to request the woman to deliver a lecture on city planning. 여성에게 도시 계획에 대한 강연을 해달라고 요청하기 위해서
(d) to offer short courses to personnel of an architectural group. 건축 그룹의 직원들에게 단기 과정을 제안하기 위해서

75. Who will lecture about European influences on the architecture of Boston?
누가 보스턴의 건축에 대한 유럽의 영향에 대해 강의할 예정인가요?

(a) John Spencer
(b) Carolyn Jennings
(c) Claire Owens
(d) Rowena O'Fanlon

76. What was said about the *Fundamentals of City Planning*" course?
"도시 계획의 기본"과정에 관해 언급된 내용이 뭐죠?

(a) It will include/ a tour of major European and American cities. 그것은 포함할 것이다/ 주요 유럽과 미국 도시의 여행을.
(b) It will be handled/ by a well- known environmental activist. 그것은 다루어질 것이다/ 잘 알려진 환경 운동가에 의해.
(c) It will describe/ worldwide developments in urban design. 그것은 기술 할 것이다/ 도시 디자인의 세계적 발전을.
(d) It will show/ how lifestyles influence the design of buildings. 그것은 보여줄 것이다/ 생활양식이 건물의 디자인에 어떻게 영향을 미치는지를.

77. What did the woman say was attached to the letter?
여성은 편지에 어떤 내용이 첨부되어 있다고 말했죠?

(a) a list of BAS members and their contact details
BAS 회원 목록 및 연락처
(b) a document containing details about the courses
과정에 관한 세부 사항을 담은 문서
(c) a summary of the instructors' qualifications
강사들의 자격 요약
(d) a map giving directions to the BAS offices
BAS 사무실로 가는 방향을 알려주는 지도

78. What was not mentioned in the letter?
편지에 언급되지 않은 것이 무엇이죠?

(a) the official designation of the letter sender
편지 발송인의 공식 직함

(b) the discount being offered to BAS members
BAS 회원들에게 제공되고 있는 할인

(c) the ways for interested parties to register
이해 당사자들이 등록하는 방법

(d) the number of sessions for each course
각 과정에 대한 강좌 수

79. In the context of the passage, *urbanism* means
_____.
이 글의 문맥에서 *urbanism*은 _____을 의미한다.

(a) the way of life in cities   도시의 생활 방식
(b) the income levels of cities   도시의 수입 수준
(c) the strict rules observed in cities 도시에서 지키는 엄격한 규율
(d) the population density of cities   도시의 인구 밀도

80. In the context of the passage, *sewerage* means
_____.
이 글의 문맥에서 *sewerage*는 _____을 의미한다.

(a) expressway   고속도로
(b) drainage   하수로, 배수
(c) seaport   항구, 항구 도시
(d) landscape   풍경, 풍경화

정답과 설명

78. (d)
여러분 눈에 다음 문장들이 보여야 합니다.
(a) Program Director
(b) Your BAS membership/ entitles you and your personnel to a 15% discount.
(c) You may register in person/ at the BAS offices or online

79. (a)
urbanism, or the lifestyles of city dwellers
이 문장에서 or는 '즉'이라는 뜻입니다.

80. (b)
동의어 문제는 어휘력을 넓히는 것 이외에 다른 방법이 없어요. 이제 암기해두세요.

어휘력을 쉽게 넓힐 수 있도록 예문 바로 옆에 뜻을 써 놓았으니 자주 관찰하셔야 합니다.

You will read four passages. Each passage **is followed by** comprehension and vocabulary questions. From the four choices for each item,/ **choose** the best answer. Then **blacken** in the correct circle on your answer sheet. u.478/43

여러분은 4개의 인용문을 읽게 됩니다. 각 글은 본문 이해와 어휘 문제가 뒤따릅니다. 각 항목에 대한 네 가지 선택 중에서,/ 가장 적합한 답을 고르세요. 그런 다음 답안지에 있는 올바른 원을 검게 칠하세요.

PART 1 **Read** the following article and **answer** the questions. The underlined words in the passage/ are for vocabulary questions.

제 1부. 다음의 기사를 읽고 질문에 답하세요. 그 글 속의 밑줄 친 단어들은/ 어휘 문제를 위한 것들입니다. u.43/531

LONDON, ENGLAND   영국 런던
As Europe's largest city,/ London has a population of about eight million.

유럽의 가장 큰 도시로서 / 런던은 약 800만 명의 인구를 가지고 있다.

The bustling metropolis/ has magnificent museums,/ exceptional galleries,/ gourmet restaurants,/ and fabulous shopping centers.

그 분주한 대도시(런던)에는/ 웅장한 박물관,/ 뛰어난 갤러리,/ 고급 레스토랑,/ 그리고 멋진 쇼핑센터가 있다.

London is **where** the country's news and money are made,/ and **where** the central government is located. u.347

런던은 나라의 뉴스와 돈이 만들어지는 곳이며,/ 중앙정부가 있는 곳이다.

History 역사
In 43 A.D.,// the Romans established Londinium/ in a valley north of the Thames River.

서기 43년에,// 로마인들은 론디니움을 세웠다/ 템즈 강 북쪽 계곡에.

They built a bridge to give access to the south,/ a facility that made possible **for** Londinium **to** become a prosperous trading center over the years. u.194

그들은 남쪽으로 접근할 수 있는 다리를 건설했다,/ 론디니움이 수년 동안 번창하는 무역중심이 되는 것을 가능케 한 시설이었다.

But 18 years later,// the Iceni tribe **led by** Queen Boudicca/ **attacked** Londinium/ and **razed** it to the ground. u.134/531

그러나 18년 후,// Boudicca 여왕이 이끄는 Iceni(아이씨나이) 부족은/ Londinium을 공격하여/ 완전히 파괴해 버렸다.

어휘
passage 구절, 글
A is followed by B A의 뒤에 B가 오다
comprehension 독해
vocabulary questions 어휘 문제
choice 선택
item 항목
blacken 검게 칠하다
correct 올바른
answer sheet 답안지
the following 다음에 오는
underlined 밑줄 친
article 기사, 글
population 인구
about=around=approximately=some 대략
million 100만
bustling 분주한
metropolis 대도시
magnificent 웅장한
museums 박물관
exceptional 뛰어난
gallery 화랑
gourmet restaurant 고급 레스토랑
fabulous 멋진
the central government 중앙정부
be located=be situated 위치하다
history 역사
establish 세우다
valley 계곡
north 북쪽
build-built-built 건설하다, 짓다
bridge 다리
give access to 접근하다
south 남쪽
facility 시설
prosperous 번창하는
trading center 무역중심
over the years 수년 동안
tribe 부족
lead-led-led 이끌다
attack=assail=assault=have(lash) at
=hit out at 공격하다
raze ~ to the ground 완전히 파괴하다

Eventually,// the Romans **regained** control/ and **rebuilt** the city.
결국// 로마인들은 통제권을 되찾고/ 도시를 재건했다. u.531

To protect it from further invasion,// they **renamed** the city as London/ and **built** a wall around it. u.189/531
더 이상의 침략으로부터 보호하기 위해,// 그들은 도시를 런던으로 개명하고/ 그 주위에 벽을 쌓았다.

Inside the defensive wall/ was an area that **is now known as** "The Square Mile,"// **which was to** become the financial center of the present-day United Kingdom. u.488/323/187
방어벽 안에는/ 현재 "스퀘어 마일"로 알려진 지역이 있었는데,// 그것은 오늘날의 영국의 금융 중심지가 될 예정지였다.

In 1665,// rats **that** came to London through trading ships/ brought bubonic plague to the city. u.335
1665년에// 무역선을 통해 런던에 온 쥐들은/ 그 도시(런던)에 선 페스트(전염병)를 가져왔다.

The disease spread quickly// because people lived in very close quarters/ and *hygiene* standards were very low.
그 질병은 빠르게 확산되었다// 왜냐하면 사람들이 매우 가까운 거처에 살고/ 위생 수준이 매우 낮았기 때문에.

The city was *plagued* by the disease throughout the year/ and about 100,000 people died. u.478
그 도시는 일 년 내내 이 병에 시달려/ 약 10만 명이 사망했다.

Despite all of the hardships **brought about by** the disease, however,// London made many advances. u.120/134
그러나 이 질병이 가져온 그 모든 어려움에도 불구하고,// 런던은 많은 발전을 이루었다.

The search of the people for preventive measures, causes, and cures/ led to the basic medical and sanitation practices of the time.
예방 조치, 원인 및 치료법에 대한 사람들의 탐구는/ 당시의 기본적인 의료 및 위생 관습으로 이어졌다.

Attractions   명소
In the 11th century,// William the Conqueror/ built the Tower of London,// **which** has **since** become one of the most famous buildings in the world. u.323/107
11세기에// 정복자 윌리엄은/ 런던탑을 세웠는데,// 이 답은 그 이후로 세계에서 가장 유명한 건축물 중 하나가 되었다.

어휘

eventually=finally=ultimately=after all 결국
regain=gain again 되찾다
rebuild=build again 재건하다
protect~ from further invasion
더 이상의 침략으로부터 보호하다
rename=name again 개명하다
wall 벽
around 주위에
inside 안에
the defensive wall 방어벽
area 지역
be known as ~로 알려져 있다
the financial center of the present-day United Kingdom.
오늘날의 영국의 금융 중심지
rat 쥐
through trading ships 무역선을 통해서
bring-brought-brought 가져오다
bubonic plague: 페스트균에 감염되어 림프샘에 출혈성 염증을 일으키는 전염병
disease 질병
spread 확산되다
quickly 빠르게
close 가까운
quarters 거처
hygiene 위생
standard 수준
low 낮은
plague 괴롭히다, 질병에 걸리게 하다
throughout the year 1년 내내
about=around=approximately=some 대략
despite=in spite(despite) of=with all=for all ~에도 불구하고
hardship=suffering=affliction 역경, 고난
bring about=lead to=result in 초래하다
however 그러나
advance 발전
search 탐구
preventive measures 예방 조치
causes 원인
cures 치료법
basic medical and sanitation practices of the time.
당시의 기본적인 의료 및 위생 관습
attractions 명소
conqueror 정복자
since 그 이후로
the most famous 가장 유명한

Another major tourist attraction today/ is Westminster Abbey; this architectural masterpiece of the 13th to 16th centuries/ has been the setting **for** every royal coronation since 1066 and **for** numerous other royal occasions. u.531
오늘날 또 다른 주요 관광 명소는/ 웨스트민스터 사원이다; 13세기에서 16세기의 이 건축적 걸작은/ 1066년 이후 모든 왕실 대관식과 그 밖의 수많은 왕실 행사들의 배경이 되었다.

Today,/ **aside from being a** place for regular worship,// this church has also become a venue for celebrating great events in England. u.170
오늘날,/ 정기적인 예배 장소가 되는 것 외에도,// 이 교회는 영국에서 위대한 행사를 축하하기 위한 장소가 되었다.

And every year,// London's traditional sights—Big Ben, Buckingham Palace, and St. Paul's Cathedral—/ continue to attract millions of tourists.
그리고 매년// 런던의 전통적인 명소인 빅벤, 버킹엄 궁전, 성 바울 대성당은/ 수백만 명의 관광객들을 계속해서 끌어들이고 있다.

From travel.yahoo.com © 2003, and other sources

53. About how many people are living in London today?
오늘날 런던에는 대략 몇 명의 사람들이 살고 있죠?

(a) 8 million   8백만
(b) 9 million   9백만
(c) 10 million   천만
(d) 11 million   천백만

54. Who founded the city of Londinium?
누가 론디니움 시를 설립했나요?

(a) The Iceni   아이씨나이 부족
(b) William the Conqueror   정복자 William
(c) Queen Boudicca   Boudicca 여왕
(d) The Romans   로마인

55. When did the bubonic plague hit London?
언제 전염병이 런던을 강타했죠?

(a) in 1665 A.D.
(b) in 1666 A.D.
(c) in 43 A.D.
(d) in 61 A.D.

어휘

another 또 다른
major tourist attraction 주요 관광 명소
abbey 사원
architectural masterpiece 건축적 걸작
setting 배경
royal coronation 왕실 대관식
numerous=innumerable=uncountable
=countless=numberless 수많은, 다수의
royal occasion 왕실 행사
aside(apart) from ~ing=besides ~ing
=in addition to ~ing ~인 것 이외에
regular worship 정기적인 예배
venue 장소
celebrate 축하(찬양, 공표, 개최, 기념)하다
great event 행사
every year=from year to year=annually
=year in and year out=yearly 매년
traditional sights 전통적인 명소
palace 궁전
cathedral 대성당
continue to=keep(continue) ~ing
계속해서 ~하다
attract 끌어들이다
millions of 수많은, 수백만의
tourist 관광객
found-founded-founded 설립하다

정답과 설명

53. (a)
London has a population of about eight million. 바로 이 문장에 답이 들어 있다는 것을 여러분이 찾으셔야 합니다. 전체를 해석할 수 없다 하더라고 답은 찾을 수 있잖아요?

54. (d)
Londinium이 들어있는 문장을 찾으면 바로 다음의 문장이 나오죠?
the Romans established Londinium

55. (a)
bubonic plague라는 단어를 찾으면 바로 다음의 문장이 나오죠?
In 1665,// rats that came to London through trading ships/ brought bubonic plague to the city.

56. What aspect of London was not mentioned?
런던의 어떤 면이 언급되지 않았죠?

(a) its history　　　　그것의 역사
(b) its tourist spot　그것의 관광지
(c) its products　　　그것의 산물
(d) its population　　그것의 인구

57. In the context of the passage, *hygiene* means
_____.
이 글의 문맥에서 *hygiene*은 _____을 의미한다.

(a) health　　　　　건강
(b) production　　　생산
(c) living　　　　　삶
(d) cleanliness　　청결함

58. In the context of the passage, *plagued* means
_____.
이 글의 문맥에서 *plagued*는 _____을 의미한다.

(a) destroyed　　　파괴된
(b) afflicted　　　괴롭힘 당한
(c) influenced　　영향을 받은
(d) controlled　　통제된

어휘

aspect 측면
mention 언급하다
In the context of the passage
이 글의 문맥에서
hygiene=cleanliness=purity=sterility
=disinfection=sanitation 위생, 청결
mean 의미하다
plague=afflict=distress=fester=harrass
괴롭히다, 질병에 걸리게 하다

정답과 설명

56. (c)
본문에서 products라는 단어 한 번이라도
나오나요? 안 나오니까 답인 거예요.

57. (d)
위생이 청결상태를 의미한다는 것은 알고
있죠? 모르면 이제 기억해두세요.

58. (b)

동의어 문제는 어휘력을 넓히는 것 이외에 다른 방
법이 없다는 것 아시죠?
몰랐다고요?? 오마이갓입니다용!!

JACQUELINE KENNEDY ONASSIS

Jacqueline Lee Bouvier/ was born in Southampton, New York,/ on July 28, 1929.
Jacqueline Lee Bouvier는/ 뉴욕 주 사우샘프턴에서 태어났다/ 1929년 7월 28일에.

She grew up mainly in New York, Rhode Island, and Virginia/ in wealthy, cultured surroundings,// and as a child/ showed great skill at horsemanship. u.108
그녀는 주로 뉴욕, 로드아일랜드, 그리고 버지니아에서 자랐다/ 부유하고 교양 있는 환경에서,// 그리고 어린 시절/ 마술(말타는 기술)에 대한 훌륭한 기술을 보였다.

After attending Vassar College in the United States and the Sorbonne in France,// she **graduated from** George Washington University in 1951. u.63
미국의 바사(Vassar) 대학과 프랑스의 소르본(Sorbonne) 대학에 다닌 후,// 1951년 조지 워싱턴 대학교(George Washington University)를 졸업했다.

She took a job as an inquiring photographer/ for the Washington Times-Herald/ the following year.
그녀는 탐구적인 사진작가로 취직했다/ Washington Times-Herald에/ 그 다음 해.

It was at this time **that** her path crossed John Kennedy's; the incumbent senator had the reputation of being the city's most eligible bachelor. u.333
그녀의 길이 존 케네디의 길과 교차한 것은 바로 이때였다. 현직 상원의원은 이 도시에서 (결혼 상대로서) 가장 적합한 총각이라는 명성을 가지고 있었다.

Their romance grew slowly and privately,// but in 1953,/ their wedding in Newport/ attracted nationwide publicity.
그들의 로맨스는 천천히 은밀하게 커졌지만,// 1953년/ 뉴포트에서의 결혼식은/ 전국적인 명성을 이끌었다(전국적으로 알려지게 되었다).

When Kennedy became the US president,// Jacqueline gave herself the task of making Washington, D.C., a source of pride and a center of culture.
케네디가 미국 대통령이 되자,// 재클린은 스스로 워싱턴 D.C.를 자부심의 원천이자 문화의 중심지로 만드는 임무를 맡았다.

어휘

the following 다음의
historical biography 역사전기
answer the questions 질문에 답하세요
underlined 밑줄 친
passage 글
vocabulary question 어휘 문제
be born 태어나다
July 7월
grow up 자라다
mainly 주로
wealthy=rich=opulent=well-off 부유한
cultured 교양 있는
surroundings 환경
as a child 어린 시절
show 보이다
great skill 훌륭한 기술
horsemanship 마술(말을 타는 기술)
attend 다니다
the United States 미국
graduate from 졸업하다
take a job 취직하다
as an inquiring photographer
탐구적인 사진작가로서
the following year 그 다음 해
path 길, 행로, 노선
cross 교차하다
the incumbent senator 현직 상원의원
reputation=fame 명성
the most eligible
(결혼 상대로서) 가장 적합한
bachelor 총각
romance 남녀 간의 사랑
grow-grew-grown 성장하다, 자라다, 커지다
slowly 천천히
privately 은밀하게
attract 끌다
nationwide 전국적인
publicity 명성, 평판, 선전
become-became-become 되다
president 대통령
give-gave-given 주다
task 임무
a source of pride 자부심의 원천
a center of culture 문화의 중심지

She *supervised* the redecoration of the White House/ and encouraged the preservation of nearby buildings. u.531
그녀는 백악관의 재 장식을 감독하고/ 인근 건물의 보존을 장려했다.

She participated in the planning of a national cultural center,// **which** was later named the John F. Kennedy Center for the Performing Arts. u.323
그녀는 국가 문화 센터의 기획에 참여했다.// 그리고 그것은 후에 존 F로 케네디 공연 예술 센터로 명명되었다.

On Nov. 22, 1963,// **while** the president and Jacqueline were in a motorcade in Dallas, Texas,// an assassin shot/ and mortally **wounded** the president. u.106/32
1963년 11월 22일,// 대통령과 재클린이 텍사스 주 댈러스에서 자동차 행렬을 하고 있을 때,// 암살자가 총격을 가해/ 대통령에게 치명상을 입혔다.

She **accompanied** his coffin to Washington, D.C.,// and **walked** in the funeral procession,// an act of courage that won her the people's admiration. u.531
그녀는 그의 관을 워싱턴 DC까지 동행하고,// 장례 행렬 속에서 걸었다.// 사람들의 감탄을 사로잡은 용기 있는 행동이었다.

After that, however,// the public **would** never allow her the privacy// she desired for herself and her children. u.225
하지만 그 후,// 대중들은 그녀에게 결코 사생활을 허락하지 않았다// 그녀가 자신과 자신의 아이들을 위해 원했던 (사생활을).

For her peace of mind,// she moved with her children to New York City.
마음의 평화를 위해,// 그녀는 아이들과 함께 뉴욕으로 이사했다.

Five years later, on Oct. 20, 1968,// she **married** a wealthy Greek businessman, Aristotle Onassis. u.67
5년 후, 1968년 10월 20일,// 그녀는 그리스의 부유한 사업가 아리스토텔레스 오나시스와 결혼했다.

The marriage eventually *floundered*/ but the couple never divorced.
결혼 생활은 결국 파탄 났지만/ 그 부부는 결코 이혼하지 않았다.

When Mr. Onassis died in 1975 and she was widowed for a second time,// Jacqueline began a career in publishing/ and eventually became a senior editor at Doubleday,/ **where** she specialized in works **on** performing arts and **on** Egyptian art and literature.
u.346/531
오나시스가 1975년 사망하고 두 번째 미망인이 되었을 때,// 재클린은 출판 경력을 쌓기 시작하여/ 결국 Doubleday의 수석 편집자가 되었다.// 그곳에서 그녀는 공연 예술과 이집트 예술 및 문학 작품을 전문으로 했다.

어휘

supervise 감독하다
redecoration 재 장식
the White House 백악관
encourage=promote 장려(권장)하다
preservation 보존
nearby 인근(근처)의
participate in=take part in 참가(참여)하다
planning 기획
a national cultural center 국가 문화 센터
later 후에
name 명명하다
performing arts 공연 예술
motorcade 자동차 행렬
assassin=assassinator 암살자
shoot-shot-shot 총격을 가하다
mortally 치명적으로
wound-wounded-wounded 부상을 입히다
president 대통령
accompany 동행하다
coffin 관
funeral procession 장례 행렬
an act of courage 용기 있는 행동
win-won-won 얻다
admiration 감탄, 칭찬, 존경
however 하지만, 그러나
the public 대중
allow=permit 허락하다
privacy 사생활
desire 원하다, 갈망하다
peace of mind 마음의 평화
move 이사하다
Oct.=October 10월
marry=get married to 결혼하다
wealthy=rich=opulent=well-off 부유한
Greek 그리스의
businessman 사업가
marriage 결혼
eventually=finally=ultimately=after all =at last(length)=in the end(event) 결국
flounder 무너지다, 쓰러지다, 땅에 처박다
divorce 이혼하다
die 죽다
be widowed 미망인이 되다
for a second time 두 번째로
begin-began-begun 시작하다
career 경력, 이력, 직업
publishing 출판
senior editor 수석 편집자
specialize in 전문으로 하다
works 작품
Egyptian 이집트의
literature 문학

She died in New York City on May 19, 1994.
그녀는 1994 년 5월 19일에 뉴욕에서 사망했다.

Source: Encyclopedia Americana and other sources
출처: 아메리카나 백과사전 및 기타 출처

59. Where was Jacqueline born?
   Jacqueline은 어디에서 태어났죠?

(a) in Massachusetts
(b) on Rhode Island
(c) in Virginia
(d) in New York

60. As a child, what skill did Jacqueline excel in?
   어린 시절, 재클린은 어떤 기술에 뛰어났는가?

(a) treating horses   말 다루기
(b) riding horses   말 타기
(c) painting horses   말 그리기
(d) training horses   말 훈련시키기

61. What was Mr. Kennedy's job/ when Jacqueline met him?
   케네디 씨의 직업은 무엇이었죠? 재클린이 그를 만났을 때?

(a) congressman   국회(하원)의원
(b) city mayor   시장
(c) senator   상원의원
(d) president   대통령

62. How old was Jacqueline when she died?
   재클린은 몇 살 때 사망했죠?

(a) more than 66 years   66세가 넘었음
(b) less than 62 years old   62세가 되기 전
(c) about 64 years old   약 64세
(d) exactly 63 years old   정확히 63세

63. In the context of the passage, *supervised* means
   _____.
   이 글의 문맥에서 *supervised*는 _____을 의미한다.

(a) ordered   명령했다
(b) completed   완성했다
(c) initiated   시작(창설)했다
(d) managed   관리했다

어휘

May 5월
as a child 어린 시절
skill 기술
excel in ～에 뛰어나다
treat 다루다
horse 말
ride-rode-ridden 타다
train 훈련시키다
job 직업
meet-met-met 만나다
in the context of the passage
이 글의 문맥에서
supervise=manage 관리(감독)하다
mean 의미하다

정답과 설명

59. (d)
여러분이 born 이라는 단어만 찾으면 다음 문장을 발견할 수 있을 거예요.
Jacqueline Lee Bouvier/ was born in Southampton, New York.

60. (b)
여러분이 as a child와 skill이라는 단어를 본문에서 찾으면 다음 문장을 발견할 것입니다. as a child/ showed great skill at horsemanship. 여기서 horsemanship은 말을 타는 기술을 의미합니다.

61. (c)
여러분이 Kennedy라는 단어를 찾으면 다음 문장을 발견할 수 있어요. senator가 보이죠?
It was at this time that her path crossed John Kennedy's; the incumbent senator had the reputation of being the city's most eligible bachelor.

62. (c)
May 19, 1994(사망일)에서 July 28, 1929(출생일)를 빼 보세요. 그러면 나이가 나오죠?
사망일이 7월 28일 이후였다면 65세가 되는 거예요.

63. (d)
동의어 문제는 어휘력을 넓히는 것 이외에 다른 방법이 없어요. 이제 암기해두세요.

어휘력을 쉽게 넓힐 수 있도록 예문 바로 옆에 뜻을 써 놓았으니 자주 관찰하셔야 합니다.

64. In the context of the passage, *floundered* means
_____.

이 글의 문맥에서 *floundered*는 _____을 의미한다.

(a) changed 변했다
(b) ended 끝났다
(c) failed 실패했다
(d) worked 효과가 있었다

65. What statement is not appropriate about Jacqueline?

재클린에 대해 어떤 진술이 적절하지 않습니까?

(a) She married twice. 그녀는 두 번 결혼했다.
(b) She became an editor. 그녀는 편집자가 되었다.
(c) She divorced twice. 그녀는 두 번 이혼했다.
(d) She died in New York. 그녀는 뉴욕에서 사망했다.

정답과 설명

64. (c)
동의어 문제는 어휘력을 넓히는 것 이외에 다른 방법이 없다는 것 아시죠?

65. (c)
본문에서 divorce라는 단어를 찾으면 다음 문장이 나옵니다. 그런데 never가 들어 있죠? never 「결코 ~하지 않다」의 뜻은 아시죠?
the couple never divorced.

어휘력을 쉽게 넓힐 수 있도록 예문 바로 옆에 뜻을 써 놓았으니 자주 관찰하셔야 합니다.

PART 3 **Read** the following personal letter and **answer** the questions. The underlined words in the letter/ are for vocabulary questions. u.43/531

제 3부. 다음 개인의 서신을 읽고 질문에 답하세요. 그 글 속의 밑줄 친 단어들은/ 어휘 문제를 위한 것들입니다.

November 29, 2009　　　2009년 11월 29일

Dear Jennifer,　　　　사랑하는 친구 제니퍼,

Oh, how I missed you last summer!
아, 내가 너를 지난여름에 얼마나 그리워했는지!

I'm so glad// that my Dad's job at the Cambodian Embassy/ will only last until June this year.
나는 너무 기쁘다// 아빠의 캄보디아 대사관 직장이/ 올해 6월까지만 지속될 예정이니.

Then we can come home at last/ the following month.
그럼 우리는 드디어 집에 갈 수 있어/ 그 다음 달에.

I'd love to spend the summer with you at Vancouver Beach/ like we always did.
난 너와 함께 밴쿠버 해변에서 여름을 보내고 싶어/ 우리가 늘 그랬던 것처럼.

Everything in Cambodia/ is so different from British Columbia!
캄보디아의 모든 것은/ 브리티시컬럼비아와 아주 달라!

I don't know **if** I'll ever get used to living here. u.56
나는 여기서 사는 데 익숙해질지 모르겠어.

You wouldn't believe it—we are required to wear a uniform to go to school?
넌 믿지 않을 거야. 우리가 학교에 가기 위해 교복을 입어야 한다고?

It's awful! The school requires a maroon skirt, a white blouse, and a _ridiculous_ floral-pattern tie,// **not to mention** a pair of disgusting long, white socks. u.309
끔찍해! 학교는 밤색 치마와 하얀 블라우스, 우스꽝스러운 꽃무늬 넥타이를 요구해.// 한 켤레의 역겨운 길고 하얀 양말은 말할 것도 없이.

I've already made several nice friends here,// but don't worry—no one could ever **match** you as my most trusted friend! u.67
나는 이미 여기서 몇 명의 좋은 친구들을 사귀었어,// 하지만 걱정하지 마. 아무도 가장 신뢰하는 친구로서 너를 따라올 수는 없을 거니까!

read 읽다
the following 그 다음의
personal letter 개인의 서신
answer the questions 질문에 답하세요
underlined 밑줄 친
vocabulary question 어휘 문제
November 11월
dear 친애하는, 사랑하는
miss 그리워하다
last summer 지난여름
so glad 매우 기쁜
Dad 아빠
job 일, 직장
embassy 대사관
last=continue 지속되다
June 6월
this year 올해, 금년
then 그러면, 그 때, 그 다음에
at last(length)=in tne end(ultimate, event)
=in the long run=finally=ultimately 마침내
the following month 다음 달에
would love to=would like to=want to
～하고 싶다
spend-spent-spent 보내다
beach 해변
like we always did(구어체)
=as we always did(문어체)
우리가 늘 그랬던 것처럼
so different from ～과 아주 다른
if=whether ～인지 아닌지
get used to～ing ～에 익숙해지다
You wouldn't believe it 넌 믿지 않을 거야
be required to ～해야 한다
wear-wore-worn 입다
awful=terrible=horrible=gruesome 끔찍한
require 요구하다
maroon 밤색
ridiculous=laughable=absurd=comical
=funny=hilarious 우스꽝스러운
floral-pattern 꽃무늬
not to mention=not to speak of
=to say nothing of=let alone
～은 말할 것도 없이
a pair of 한 켤레의
disgusting=repellent=repugnant=repulsive
=nauseating=nauseous=distasteful 역겨운
socks 양말
already 이미, 벌써
make friends 친구를 사귀다
several 몇 명의
worry 걱정하다
match 필적하다, 적수가 되다
most trusted friend 가장 신뢰하는 친구

After school,// I sometimes go to my classmate Melinda's apartment.
방과 후에,// 나는 가끔 같은 반 친구 멜린다의 아파트에 간다.

She likes **the same** music and the same movies you and I enjoy.
그녀는 너와 내가 좋아하는 바로 그 음악과 영화를 좋아해. u.340

In fact,// Melinda and I are **attending** Taylor Swift's concert here next month! u.67
사실,// 멜린다와 나는 다음 달에 이곳에서 열리는 테일러 스위프트의 콘서트에 참석할 예정이야!

That's all for now.
이제 여기서 멈출게.

I must start my homework for my World History class tomorrow.
내일 세계사 수업을 위해 숙제를 시작해야 하거든.

My professor wants us to write an *analysis* of the impact of the Renaissance on European history// and I don't even know **where to begin**! Write back soonest, OK?
u.185
우리 교수님은 르네상스가 유럽 역사에 미치는 영향에 대한 분석을 써오기를 바라시는데,// 난 어디서부터 시작해야 할지 모르겠어! 빨리 답장 줘, 알았지?

Sincerely,   잘 있어.
Annie

66. When will Annie go back to British Columbia?
    Annie는 언제 브리티시컬럼비아로 돌아갈까?

(a) in August   8월에
(b) in July   7월에
(c) in June   6월에
(d) in May   5월에

67. Where does Annie usually spend her summer?
    Annie는 여름을 주로 어디에서 보내나요?

(a) at school   학교에서
(b) in Jennifer's house Jennifer의 집에서
(c) at the beach   해변에서
(d) in Cambodia   캄보디아에서

어휘

after school 방과 후에
sometimes=from time to time=once in a while=every now and then=every so often =on occasion=occasionally 때때로, 가끔
classmate 반 친구, 급우
the same movies 같은 영화
In fact=as a matter of fact=actually 사실
attend 참석하다
That's all for now 이제 여기서 멈출게
homework=assignment 숙제
World History class 세계사 수업
tomorrow 내일
professor 교수
want 원하다
write 쓰다
analysis 분석
impact=influence=effect 영향
where to begin 어디서부터 시작해야 할지
Write back soonest 빨리 답장 줘
Sincerely 잘 있어. 편지 맺음 말
go back to 돌아가다
usually 대개

정답과 설명

66. (b)
다음 문장을 발견하셨나요? 아빠의 일이 6월에 끝나고 그 다음 달에 돌아간다고 하죠?
my Dad's job at the Cambodian Embassy/ will only last until June this year. Then we can come home at last/ the following month.

67. (c)
문제의 spend her summer를 가지고 본문에서 다음 문장을 찾으셨나요? 해석 못해도 답이 보이나요?
I'd love to spend the summer with you at Vancouver Beach/ like we always did.

어휘력을 쉽게 넓힐 수 있도록 예문 바로 옆에 뜻을 써 놓았으니 자주 관찰하여 암기하세요.

68. How does Annie describe her school uniform?
Annie는 자신의 교복을 어떻게 묘사하고 있죠?

(a) oversized   너무 크다
(b) tight-fitting   꽉 끼어 갑갑하다
(c) colorful   화려하다
(d) unattractive   볼품이 없다

69. Who is Melinda? Melinda는 누구죠?

(a) Annie's classmate   Annie의 반 친구
(b) Annie's Mom   Annie의 엄마
(c) Annie's best friend   Annie의 절친
(d) Annie's teacher   Annie의 선생님

70. In the context of the passage, the word *ridiculous* means _____.
이 글의 문맥에서 *ridiculous*는 _____을 의미한다.

(a) radical   철저한, 급진적인
(b) fabulous   매우 멋진, 터무니없는, 전설적인
(c) large   큰, 넓은
(d) laughable   우스꽝스러운, 재미있는

71. In the context of the passage, the word *analysis* means _____.
이 글의 문맥에서 *analysis*는 _____을 의미한다.

(a) script   대본
(b) commercial   상업광고
(c) review   검사, 재검토, 논평
(d) summary   요약

어휘

describe=depict=portray
=delineate 묘사하다
school uniform 교복
in the context of the passage
이 글의 문맥에서
ridiculous=laughable=absurd=comical
=funny=hilarious 우스꽝스러운
mean 의미하다
analysis=investigation=inspection
=survey=scrutiny=review 분석, 검토

정답과 설명

68. (d)
uniform이라는 단어를 찾으면 그 다음에 다음과 같은 설명이 나오죠?
It's awful! The school requires a maroon skirt, a white blouse, and a *ridiculous* floral-pattern tie,// not to mention a pair of disgusting long, white socks.

69. (a)
Melina라는 단어를 찾으면 다음과 같은 표현이 나오죠? 해석을 못해도 답은 보이죠?
my classmate Melinda's apartment.

70. (d)
동의어 문제는 어휘력을 넓히는 것 이외에 다른 방법이 없다고 했죠? 암기해두세요.

71. (c)

어휘력을 쉽게 넓힐 수 있도록 예문 바로 옆에 뜻을 써 놓았으니 자주 관찰하여 암기하세요.

PART 4 **Read** the following business letter and **answer** the questions. The underlined words in the article/ are for vocabulary questions. u.43/531
제 4부. 다음 사업상의 서신을 읽고 질문에 답하세요. 그 글 속의 밑줄 친 단어들은/ 어휘 문제를 위한 것들입니다.

February 20, 2018

2018 년 2 월 20 일

Ms. Margaret Campion
Director, Corporate Services
Riviera Industries Inc.
245 Dearborn Park Road
Chicago, Il 12345

Margaret Campion
기업 서비스 담당 이사
Riviera 산업 주식회사
245 디어본 파크로드
시카고, Il 12345

Dear Ms. Campion: 친애하는 Ms. Campion :

It was a pleasure meeting you briefly at last week's Board of Trade event.
지난주 무역위원회 행사에서 잠깐 만나서 반가웠어요.

It's amazing how small the world does seem sometimes, *given* that we both earned our undergraduate degrees at U. of Kansas, **even overlapping** for one year! u.119/138
때때로 세상이 얼마나 작아 보이는지 놀라워요! 우리 둘이 캔자스 주에서 학부 학위를 따고 1년 동안 겹쳐서 공부를 한 것을 고려해볼 때.

I suppose// we were *destined* to eventually meet face-to-face.
난 생각해요// 우리는 결국 직접 만나게 될 운명이었다고. u.187

I was fascinated by your *synopsis* of the history of Riviera Industries over the past, almost half-century.
나는 지난 거의 반세기 동안 리비에라 산업의 역사에 대한 당신의 개요에 매료되었습니다.

Clearly, your company has a rich corporate heritage and tradition.
분명히 당신의 회사는 풍부한 기업 문화유산과 전통을 가지고 있습니다.

At the same time,// the company has been blessed with a continuum of leaders of foresight and imagination// **who** had the courage to change course at key points along the way// **so that** the company could **remain competitive** and continue to lead its industry.
u.393/321/207/64
동시에,// 회사는 선견지명과 상상력을 가진 지도자들의 연속으로 축복을 받아왔습니다// 그들은 과정의 중요한 시점에서 방향을 전환 할 수 있는 용기를 갖고 있었죠.// 회사가 경쟁력을 유지하고 계속 업계를 이끌 수 있도록.

어휘

read 읽다
the following 다음의
business letter 사업상의 서신
answer the questions 질문에 답하세요
underlined 밑줄 친
article 글, 기사
vocabulary question 어휘 문제
February 2월
Director, Corporate Services
기업 서비스 담당 이사
Industries Inc. 산업 주식회사
dear 친애하는, 사랑하는
It was a pleasure meeting you briefly
잠깐 만나서 반가웠어요
at last week's Board of Trade event.
지난주 무역위원회 행사에서
amazing 놀라운
how small the world does seem
세상이 얼마나 작아 보이는지
sometimes=at times(whiles, intervals)
=from time to time=once in a while 가끔
given=considering 고려해볼 때
both 둘 다
earn an undergraduate degree
학부 학위를 취득하다
overlap 겹치다, 겹쳐서 공부하다
suppose 생각하다, 가정하다
be destined(doomed, foredoomed, fated)
to ~할 운명이다
eventually=finally=ultimately=after all 결국
meet face-to-face 직접 만나다
fascinate=attract=allure=charm
매료시키다
synopsis=summary=abstract=outline,
=condensation=digest 요약, 간추린 내용
almost=nearly=virtually=all but=next to
=well-nigh=close upon 거의
half-century 반세기
clearly=obviously=apparently 분명히
company 회사
rich=a wealth of 풍부한
corporate heritage 기업 문화유산
tradition 전통
at the same time=simultaneously 동시에
be blessed with ~으로 축복을 받다
a continuum of 계속적인, 계속되는
foresight 선견지명
imagination 상상력
courage 용기
at key points 중요한 순간에
along the way 줄곧, 내내, 과정에서
so that 주어 can ~하도록, ~하기 위하여
remain competitive 경쟁력을 유지하다
continue to=continue(keep, go on) ~ing
계속해서 ~하다

As I was mentioning to you,// Final Edition Publications/ is a specialty publisher **that** focuses on corporate publications/ including annual reports, corporate profiles and corporate histories. u.108/335
앞서 말씀드린 것처럼,// Final Edition 출판사는/ 기업 출판물에 초점을 맞춘 전문 출판사입니다/ 연간 보고서, 기업 프로필, 기업 이력을 포함한.

We **have been** in business **for** over 15 years// and **during** that time/ have grown from a two-person start-up to a serious corporate publisher with over 100 employees. u.91/107
우리는 15년 넘게 사업을 해왔으며// 그 기간 동안/ 2인 창업에서 100명 이상의 직원을 가진 무시할 수 없는 기업 출판사로 성장했다.

We **have been contracted by** over 500 companies/ to produce **both** *annual* **and** special occasion publications/ on their behalf.
우리는 500개가 넘는 기업에 의해 계약되었습니다/ 연간 출판물과 특별호 출판물을 모두 제작하기로/ 그들을 대신하여. u.478/128

After our chat at last week's meeting,// it occurred to me// that with Riviera approaching its 50th anniversary,/ it would be the perfect occasion to produce a Corporate History to celebrate your company's first half-century. u.141/189
지난주 미팅에서 우리가 이야기를 나눈 후,// 생각이 떠올랐어요// 리비에라가 창립 50주년을 맞이함에 따라,/ 당신 회사의 첫 반세기를 기념하기 위해 기업사를 만들기에 완벽한 기회가 될 것이라는.

It so happens that these are exactly the types of corporate publications that we specialize in here at Final Edition. u.321
우연히도 이것들이 바로 우리가 이곳 Final Edition에서 전문적으로 다루는 유형의 회사 출판물들입니다.

In fact, we have produced corporate histories for dozens of companies. u.393
사실, 우리는 수십 개의 회사를 위해 기업 역사를 만들어 왔습니다.

With Riviera's 50th just around the corner,// I'm sure that you **have been thinking** about ways to make that anniversary a special one. u.141/83
리비에라의 50주년 기념일을 앞두고,// 그 기념일을 특별한 기념일로 만드는 방법을 생각해 오셨을 것으로 확신합니다.

Accordingly,// I would very much like to **meet** with you/ and **show** you some of the corporate work we have done,/ and **brief** you further on our services. u.531
따라서,// 나는 당신과 만나서/ 우리가 해온 기업 활동 중 일부를 보여주고,/ 우리의 서비스에 대해 더 자세히 설명해 드리고 싶습니다.

어휘

mention 언급하다
a specialty publisher 전문 출판사
focus on 초점을 맞추다
corporate publications 기업 출판물
include=involve=incorporate=embody =contain=cover=comprise 포함하다
annual reports 연간 보고서
corporate profiles 기업 프로필
corporate histories 기업 이력
for over 15 years 15년 넘게
during ~동안에
grow-grew-grown 성장하다
from A to B: A에서 B로
a serious corporate publisher 무시할 수 없는 기업 출판사
a two-person start-up 2인 창업
employees 직원
contract 계약하다
produce 제작(생산)하다
both A and B: A와 B 둘 다
special 특별한
occasion 경우, 행사
annual=yearly 매년의
on one's behalf=on behalf of =instead of=in place of ~을 대신해서
It occurs to me that 떠오르다
approach 다가오다
anniversary 기념일
celebrate 축하(찬양, 공표, 개최, 기념)하다
It so happens that 우연히 ~하다
exactly 정확히
specialize in 전문적으로 하다
in fact=in point of fact =as a matter of fact=actually 사실
dozens of 수십 개의
just around the corner=very near 아주 가까운 곳에 있는
special 특별한
accordingly=consequently=in consequence =as a result(consequence) 따라서
would like to=would love to ~하고 싶다
meet with 공식적으로 만나다
brief 요약해서 말하다
further 한 층 더, 더 상세히

I have a strong feeling// **that what** we offer at Final Edition/ might be just the kind of thing you**'ve been looking for/ to** celebrate Riviera's 50th. u.335/83/189
나는 강한 느낌을 가지고 있습니다// 우리가 Final Edition에서 제공하는 것이/ 당신이 찾고 있는 것과 같은 것일 수도 있다는 (느낌을)/ 리비에라의 50주년을 기념하기 위해

Please feel free to call me at 745-2398// **so that** we can discuss this further. u.207
부담 갖지 말고 745-2398로 전화하십시오// 우리가 이 문제를 더 논의할 수 있도록.

If I don't hear from you by the end of next week,// I will follow up with you and see// **if** we can set up a meeting at your convenience. u.56
만약 내가 다음 주 말까지 당신으로부터 소식을 듣지 못하면,// 내가 당신에게 다시 연락해서 알아보겠습니다 // 우리가 당신이 편리한 시간에 회의를 할 수 있는지.

Yours truly,   당신의 진정한 친구

Raymond Gaudet
Manager, Corporate Programs   기업 프로그램 담당자

Source: http://www.writinghelp-central.com/business-introduction-letter.html

72. Who wrote this letter?
누가 이 편지를 썼죠?

(a) Raymond Gaudet
(b) Margaret Campion
(c) Riviera
(d) Final Edition

73. What is the purpose of this letter?
이 편지의 목적은 무엇입니까?

(a) to create new programs
새 프로그램 만들기 위해서
(b) to open a publishing company
출판사를 열기 위해서
(c) to celebrate Riviera's 50th anniversary
리비에라 창립 50 주년 기념하기 위해서
(d) to ask to publish a Corporate History of Riviera
리비에라의 기업 연혁을 출판하도록 요청하기 위해서

정답과 설명

72. (a)
마지막에 쓴 사람 이름 다음과 같이 보이나요?
Yours truly, 당신의 진정한 친구
Raymond Gaudet

73. (d)
다음 문장을 찾으셨나요?
it occurred to me// that with Riviera approaching its 50th anniversary,/ it would be the perfect occasion to produce a Corporate History to celebrate your company's first half-century.

74. Where did the writer and recipient meet?

작가와 수신자는 어디에서 만났습니까?

(a) at a publishing company 출판사에서
(b) at a Board of Trade event 무역위원회 행사에서
(c) at a Riviera's office 리비에라 사무실에서
(d) on a street 거리에서

75. What kind of business does the writer represent?

작가는 어떤 종류의 사업을 대표합니까?

(a) a corporate publisher 기업 출판사
(b) a trade company 무역 회사
(c) a construction company 건설 회사
(d) an entertainment planning company 연예 기획사

76. What was not mentioned in the letter?

(a) The writer and the recipient attended the same college.
작가와 수신인은 같은 대학에 다녔다.
(b) The recipient is a female.
수신인은 여성이다.
(c) Riviera's 50th anniversary is approaching.
리비에라 창사 50 주년이 기념일이 다가오고 있다.
(d) The recipient has a doctor's degree.
수신인은 박사 학위를 소지하고 있다.

77. In the context of the passage, *given* means

_____.

이 글의 문맥에서 *given*은 _____을 의미한다.

(a) taken 취해진, 찍혀진
(b) thought 생각, 생각된
(c) regarded 간주된
(d) considering 고려해볼 때

78. In the context of the passage, *destined* means

_____.

이 글의 문맥에서 *destined*는 _____을 의미한다.

(a) planned 계획된
(b) supposed 상상된
(c) fated 운명인
(d) scheduled 예정된

어휘

recipient 수신자
represent=act for 대표하다
mention=refer to 언급하다
attend=go to 다니다
female 여성
anniversary 기념일
approach=come up to 다가오다
doctor's degree 박사 학위
in the context of the passage
이 글의 문맥에서
given=considering 고려해볼 때
be destined(doomed, foredoomed, fated)
to ~할 운명이다

정답과 설명

74. (b)
다음 문장이 처음에 나오죠? meeting이라는 단어를 찾아서 장소를 찾아보세요.
It was a pleasure meeting you briefly at last week's Board of Trade event.

75. (a)
홍색으로 되어 있는 다음 문장을 찾으셨나요?
have grown from a two-person start-up to a serious corporate publisher

76. (d)
본문에 a doctor's degree라는 단어 단 한 번이라도 나오나요? 안 나오니까 그게 답이죠.

77. (d)
동의어 문제는 어휘력을 넓히는 것 이외에 다른 방법이 없다고 했죠? 그런데 유니크 쏙쏙 영문법 119쪽 (3)번에 나옵니다.

78. (c)
사실 이 어휘도 유니크 쏙쏙 영문법 187쪽 (4)번 (운명)에 다 나옵니다.

어휘력을 쉽게 넓힐 수 있도록 예문 바로 옆에 뜻을 써 놓았으니 자주 관찰하여 암기하세요.

79. In the context of the passage, *synopsis* means _____.

이 글의 문맥에서 *synopsis*는 _____을 의미한다.

(a) a detailed explanation   상세한 설명
(b) a long story   긴 이야기
(c) a brief summary   간단한 요약
(d) a short story   단편 소설

80. In the context of the passage, *annual* means _____.

이 글의 문맥에서 *annual*은 _____을 의미한다.

(a) daily   매일의
(b) weekly   매주의
(c) monthly   월간의
(d) yearly   매년의

어휘

in the context of the passage
이 글의 문맥에서
synopsis=summary=abstract=outline,
=condensation=digest 요약, 간추린 내용
annual=yearly 매년의
mean 의미하다

정답과 설명

79. (c)

80. (d)

동의어 문제는 어휘력을 넓히는 것 이외에 다른 방법이 없다고 했죠? 벌써 잊어버렸다고요???? 오마이갓!!!

PART 4 **Read** the following announcement and **answer** the questions. The underlined words in the announcement/ are for vocabulary questions. u.43/531

제 4부. 다음 공고문을 읽고 질문에 답하세요. 그 공고문 속의 밑줄 친 단어들은/ 어휘 문제를 위한 것입니다. (이것은 보너스 문제입니다)

VIVACE CITY COLLEGE   (활기찬 도시 대학)

Music Department   음악학과
The Music Department will offer voice lessons/ for students from 8 to 16 years of age/ starting this February.
음악과에서는 음성 강좌를 제공할 예정입니다/ 8~6세 사이의 학생들을 위해/ 이번 2월부터.

A variety of vocal styles will be offered,/ including classical, jazz, pop, bossa nova, country, and R&B.
다양한 보컬 스타일이 제공될 것입니다/ 클래식, 재즈, 팝, 보사노바, 컨츄리, R&B를 포함하여.

Basic Vocalizing (maximum of 25 students)
기본 발성법 (최대 25 학생)

8-11 years old   8-11세

This class focuses on basic singing techniques and tips/ **to help** singers **feel** relaxed and confident on stage. u.151/189
이 수업은 기본 노래 기술과 팁에 중점을 둡니다/ 가수가 무대에서 편안하고 자신감을 느끼도록 돕기 위해.

It will also teach budding singers **how to choose** the best songs that suit their vocal capacity. u.22(4형식 해석)/185/67
그것은 또한 신진 가수들에게 가르칠 것입니다/ 그들의 가창력에 맞는 최고의 노래를 선택하는 방법을.

Instructor: Nelly Channing   강사: Nelly Channing
Saturdays 8:30-11:30 a.m.   토요일 8:30-11:30 a.m.
Enrollment fee: $350 (one semester)   등록비: $350 (한 학기)

---

read 읽다
the following 다음의
announcement 공고문, 발표문
answer the questions 질문에 답하세요
underlined 밑줄 친
vocabulary questions 어휘 문제
vivace 활기찬, 활발한
department 학과
offer 제공하다
voice lesson 음성 강좌
starting this February 이번 2월부터
a variety(diversity) of=various=diverse 다양한
include=involve=incorporate=embody =contain=cover=comprise 포함하다
bossa nova=a style of Brazilian music derived from samba but placing more emphasis on melody and less on percussion.
삼바에서 파생되었지만 멜로디에 더 중점을 두고 타악기에 덜 중점을 둔 브라질 음악의 한 형식
basic vocalizing 기본 발성법
maximum 최대
focus on 중점을 두다
basic 기초적인, 기본적인
relaxed 편안한
confident 자신만만한
stage 무대
budding=promising=rising=aspiring 야심찬
how to choose 고르는 법
suit=fit=match=become 어울리다
vocal capacity 가창력
instructor 강사
enrollment fee 등록비
semester 학기

Acting for Young Singers (maximum of 25 students)
어린 가수들을 위한 연기 (최대 25명의 학생)

12-16 years old   12–16 세

The class will guide young singers// **as** they explore the acting side of singing. u.108
이 수업은 어린 가수들을 안내할 것입니다// 그들이 노래의 연기 측면을 탐구할 때.

Through theater exercises, they will learn to be comfortable/ assuming and presenting a character to an audience.
연극 연습을 통해./ 그들은 편안해지는 법을 배울 것입니다/ 관객들에게 캐릭터를 가정하여 출연하면서.

The semester will finish with a performance by each student of a song from a selected musical theater production.
이번 학기는 엄선된 뮤지컬 연극 제작사에서 나온 노래를 각 학생이 공연함으로써 끝날 것입니다.

Instructor: Orlando Brown   강사 : Orlando Brown
Saturdays 2:00-5:30 p.m.   토요일 2:00–5:30 p.m.
Enrollment fee: $450 (one semester)   등록비: $450 (한 학기)

Those with little or no singing experience/ are welcome! For reservations,/ contact Donna Cusack at local 626. Enroll now!
노래 경험이 거의 또는 전혀 없는 사람들을/ 환영합니다! 예약을 위해서는,/ 지역 626에 있는 Donna Cusack에게 연락하십시오. 지금 등록하십시오!

01. At most,/ how many students will be accepted in each of the courses?
최대/ 얼마나 많은 학생들이 각 과정에서 받아들여질까요?

(a) 11
(b) 12
(c) 16
(d) 25

02. What time does the Basic Vocalizing class start?
기본 발성법 수업은 몇 시에 시작되죠?

(a) 8:30 a.m.
(b) 11:30 a.m.
(c) 2:00 p.m.
(d) 5:30 p.m.

정답과 설명

01. (d)
(maximum of 25 students)을 발견하셨나요? 그게 바로 답입니다.

02. (a)
Basic Vocalizing의 맨 마지막에서 Saturdays 8:30-11:30 a.m.을 찾으셨나요?

03. How often is the Acting for Young Singers class held?
어린 가수들을 위한 연기 수업은 얼마나 자주 열리나요?

(a) every day 　　　　　　　매일
(b) every other day 　　　　이틀에 한 번
(c) twice a week 　　　　　　1주일에 두 번
(d) once a week 　　　　　　1주일에 한 번

04. What was not mentioned in the announcement?
공고문에서 언급되지 않은 것이 무엇이죠?

(a) the teachers for each class 　　각 반의 교사
(b) the venue of the classes 　　　수업 장소
(c) the fee for each class 　　　　각 수업의 수업료
(d) the schedule of the classes 　　수업 일정

05. In the passage, *budding* means _____.
이 글의 문맥에서 *budding*은 _____ 을 의미한다.

(a) youthful 　　　　젊은
(b) interesting 　　　흥미로운
(c) inspiring 　　　　영감을 주는
(d) aspiring 　　　　야심 찬

06. In the passage, *explore* means _____.
이 글의 문맥에서 *explore*는 _____ 을 의미한다.

(a) study 　　　　연구하다
(b) watch 　　　　지켜보다
(c) try 　　　　　시도하다
(d) perform 　　　공연하다

어휘

how often 얼마나 자주
acting 연기
be held=take place 열리다
mention=refer to 언급하다
announcement 공고문
venue 장소
fee 수업료
schedule 일정
budding
budding=promising=rising=aspiring 야심찬
mean 의미한다
explore=study=search and discover 탐구하다
perform 공연(수행)하다

정답과 설명

03. (d)
Saturdays 2:00–5:30 p.m.을 발견하셨나요? 그게 바로 토요일만 이뤄지므로 1주일에 한 번으로 이해하셔야 해요.

04. (b)
다음을 발견하셔야 합니다.
Instructor=teacher
Saturdays=schedule
Enrollment fee

05. (d)

06. (a)

동의어 문제는 어휘력을 넓히는 것 이외에 다른 방법이 없다고 했죠? 바로 위에 정리해 두었으니 암기하세요.

어휘력을 쉽게 넓힐 수 있도록 예문 바로 옆에 뜻을 써 놓았으니 자주 관찰하여 암기하세요.

유니크 쏙쏙 G·TELP 족집게 511제

초판 1쇄 인쇄 2019년 07월 09일
초판 1쇄 발행 2019년 07월 19일
지은이 김수원

펴낸이 김양수
편집·디자인 이정은

펴낸곳 도서출판 맑은샘
출판등록 제2012-000035
주소 경기도 고양시 일산서구 중앙로 1456(주엽동) 서현프라자 604호
전화 031) 906-5006
팩스 031) 906-5079
홈페이지 www.booksam.kr
블로그 http://blog.naver.com/okbook1234
이메일 okbook1234@naver.com

ISBN 979-11-5778-385-4 (13740)